MARCO POLO

W0184849

Dein Insider-Trip

STUTTGART & Umgebung

Besondere Erlebnisse – von entspannt bis rasant

Inhalt

Die Klassiker reloaded

Altbekanntes ganz neu erleben

Die Lecker-bissen

Verführerisches von süß bis deftig

Die kreativen Orte

Kunst & Kultur von gediegen bis hip

Die wilde Seite

Gas geben und Spaß haben von sportlich bis mutig

Die ruhigen Ecken

Entspannen von minimalistisch bis luxuriös

Das pralle Leben

In Feierlaune das ganze Jahr

Mix & Match

Mach dein eigenes Ding

Dies & Das

Karten, Register & mehr

Fernsehturm, Brezeln, Wein – so kennst und liebst du Stuttgart. Und echte Klassiker werden auch niemals langweilig. Schau um die Ecke, nimm eine andere Perspektive ein, such die geheimen Orte und neuen Interpretationen. Und huch: Ist da schon ein neuer Klassiker im Anmarsch?

Die Klassiker reloaded

Altbekanntes ganz neu erleben

Mehr als Autos im Museum Träume in der S-Klasse

→ **Lass dich im V8 Hotel ins Bett (ähem Auto) fallen!**

Wer vor 50 Jahren eine Daimler-S-Klasse hatte, der hatte es geschafft. Bequemer, nobler und prestigeträchtiger ging's ab 1972 hierzulande nicht als in dem Luxushobel aus Benztown. Wie komfortabel das Modell, das als Synonym für Edelkarossen in die deutsche Automobilgeschichte einging, wirklich ist, erlebst du im *V8 Hotel* in Böblingen. Da ist im Kultauto nämlich ein bequemes Doppelbett eingebaut. Und wenn du nachts von gediegenen Ausfahrten ins Schwäbische träumst, ist das kein Wunder: Du schläfst unter den Augen der Herren Benz, Otto und Diesel, die Nachttische sind auf Felgen montiert und auch sonst steht das Zimmer ganz im Zeichen des Sterns. Du kannst in der Herberge vor den Toren Stuttgarts aber auch in einem Jeep übernachten. Oder, britisch gediegen, im Jaguar XJ2.S. Und natürlich in einem VW Käfer, der sogar die Originallackierung aus den »Herbie«-Filmen trägt.

Das V8 Hotel mit seinen automobilen Themenzimmern ist ein Teil der Motorworld Böblingen *(motorworld.de)*, in der sich alles, wirklich alles ums »Heilig's Blechle« (bei Weitem nicht nur) der Schwaben dreht. Stuttgart und Auto, das ist nämlich eine Kombi wie Daimler und Benz, wie Porsche und Carrera, wie *must* und *see*. In den schicken Hallen mit altem Industriecharme, die zum ersten Flughafen Stuttgarts gehörten, schlenderst du an Traumkarossen vorbei, kannst exklusive Klamotten shoppen und mal bodenständig, mal exquisit schlemmen. Du hast einen eigenen Oldtimer? Dann kannst du ihn in einer der vielen Glasboxen parken.

1 **V8 Hotel • Charles-Lindbergh-Platz 1, 71034 Böblingen • v8hotel.de**

MERCEDES
BENZ
V8 HOTEL

Sonnenaufgang deluxe Morgens auf den Fernsehturm

Ein 217 m hoher Lulatsch kann sich nicht verstecken. Möchte man meinen. Und eigentlich tut er das auch gar nicht, der *Fernsehturm*, dessen Spitze seit über 60 Jahren hoch überm Stuttgarter Süden verlässlich am Himmel kratzt. Aber ist dir auch schon aufgefallen, dass er ein Meister des unvermuteten Auftauchens ist? Wer linst plötzlich eine Straßenflucht im Westen entlang, erhebt sich auf einmal über einer Steigung im Osten, schickt sein Licht beim Party-Luftschnappen auf einen Balkon in Degerloch, steht silbern glänzend zwischen blühenden Obstbäumen in Sillenbuch? Wenn du eine dieser überraschenden Begegnungen hast – mach ein Foto! Der Turm ist ein leidenschaftliches Chamäleon, je nach Jahres- und Tageszeit, nach Licht und Wetter sieht er anders aus. Unter dem Hashtag #fernsehturmstuttgart finden sich Tausende Insta-Bilder der Stahl-Beton-Konstruktion, die zu einem Vorbild unzähliger Nachbauten in der ganzen Welt wurde.

← Zeigt sich überall von seinen schönen Seiten: der Stuttgarter Fernsehturm

Aber natürlich geht nichts über einen Besuch auf der Aussichtsplattform. Am eindrucksvollsten dann, wenn der Tag graut: Bei »Fernsehturm für Frühaufsteher« wanderst du erst durch den Wald, um dann in 147 m Höhe atemlos der Sonne dabei zuzuschauen, wie sie ihr Tagwerk beginnt. Oder leg dir gleich die günstige Jahreskarte für 40 Euro zu (statt einer Einzelfahrt für 10,50 Euro). So lässt du dich auch mal per Expressaufzug auf den Turm schießen, wenn das Wetter nicht optimal ist, wenn der Sturm die flexible Nadel zum Schwanken bringt oder der Nebel um ihre Spitze wabert. Ganz zu schweigen davon, dass du dann regelmäßig an einem der schönsten Orte Stuttgarts frühstücken gehen kannst: im Panoramacafé in luftiger Höhe.

INSIDER-TIPP
Ein Ticket in die Wolken

2 **Fernsehturm Stuttgart • Jahnstr. 120, 70597 Stuttgart • fernsehturm-stuttgart.de**

Wein 2.0 Probieren auf Knopfdruck

→ **Komm ins Sitt und setz dich …**

→ **… bei der großen Auswahl findest du bestimmt deinen neuen Lieblingswein**

Welcher Wein schmeckt? Da hilft nur: probieren, probieren, probieren … In der *Sitt Weinbar* im Stuttgarter Süden kannst du über 100 Weine im Hightech-Verfahren selbstständig testen, rund die Hälfte als Bio-Wein. Nicolas Sigloch hat Deutschlands erste »Self-Exploring Wine Experience« im Store umgesetzt – und was nach Wein 2.0 klingt, ist es auch. Easy tasting eben: Am Anfang bekommst du die Sitt Wine Card, lädst einen beliebigen Betrag auf – und los geht's! Aus fünf Weinklimaschränken wählst du aus, was gefällt, am Steckbrief über den Weinen kannst du dich orientieren. Per Knopfdruck kredenzt dir der Dispenser nach Wahl einen Probierschluck mit 25 ml, ein kleines (75 ml) oder großes (150 ml) Glas. Von »Easy drinking« bis zur »Freak Zone« ist alles dabei – fragen darfst du dennoch! Dann zeigt dir Nicolas Sigloch die eigenen Hausweine, gekeltert zusammen mit Winzern aus der Region. Bei den vier »Wein-Touren« wirst du automatisch durch eine passende Auswahl von fünf Weinen geführt.

Weil das Ganze schon mal länger dauern kann, kannst du es dir vor Ort gemütlich machen, bei Käseteller oder Antipasti in Bio-Qualität. Am Ende kannst du deine Favoriten kaufen, dank des Hybridmodells aus Weinbar und -handlung. Und gehst satt und sitt nach Hause. Sitt?! Ein Kunstwort für »nicht mehr durstig« … für das es hierzulande wohl kaum Verwendung gibt.

INSIDER-TIPP
Vertrauen hoch drei

Wer den Genuss auf Wein 3.0 erweitern will, begibt sich ins Bohnenviertel. Dort serviert dir Top-Sommelier Bernd Kreis im *High Fidelity* sein persönliches Genuss-Trio: ausgewählte Weine seiner Weinhandlung, dazu Jazz in feinster Klangqualität und mit Sánguche das erste peruanische Streetfood in Stuttgart.

3 **Sitt Wein Stuttgart • Tübinger Str. 91, 70178 Stuttgart • sitt-wein.de**

4 **High Fidelity • Brennerstr. 23, 70182 Stuttgart • highfidelity.bar**

AVIGNONESI
RAMOS PINTO

KATZ
der bäcker
KATZ
der bäcker

Gut geschlungen
Brezelbackkurs beim Profi

Auf das richtige Schlingen kommt es an. Und natürlich auf die perfekte Teig-Rezeptur. Der Bauch muss dick und aufgeplatzt sein, innen fluffig weich, die Arme dagegen dünn und kross. Die Laugenbrezel ist schließlich nicht einfach nur irgendeine Backware. Ohne Brezel ist das Schwabenleben trist, praktisch sinnlos.

← **Große Brezelliebe in der Backakademie Katz**

Wie wär's: Trau dich doch mal selber ran ans Back-Werk! Die Bäckerei Katz bietet Kurse an, bei denen du bei vergnüglichem Zusammensein erleben kannst, dass noch kein Brezelbackmeister vom Himmel gefallen ist. Aber eigentlich ist es ganz einfach: Teig nach klassischem Rezept mit viel schwäbischem Herzblut fertig machen (achte dabei genau auf das richtige Kneten, Ruhen und Kühlen und so weiter). Als nächstes geht's ans Teig rollen: in der Mitte ein dicker Bauch, die »Ärmle« etwa bleistiftdünn formen und die Enden abrunden. Ist das geschafft, packst du die Teigrolle an beiden Enden, vollführst mit dem Ding einen schwungvollen Schlenker durch die Luft und noch einen lockeren Schleuderer mit der Hand – und fertig für den Ofen ist die handgeschlungene Schwaben-Delikatesse. Alles klar? Ein Kurs dauert etwa zwei Stunden, einmal im Monat gibt's einen, Veranstaltungsort ist die bäckereieigene *»Backakademie Katz«* in Vaihingen/Enz. Vielleicht kriegst du danach ja ein Brezel-Diplom.

Falls du die Schlingerei lieber doch den Profis überlässt, dann probier dich mal durch Stuttgarts Backstuben. Ganz vorne im Ranking landen bei den Kennern der Laugen-Materie regelmäßig die Brezeln vom Königsbäck *(koenigsbaeck.de)* im Osten, der Bäckerei Bosch *(brezelbaeckbosch.de)* im Westen oder vom Bäcker Frank *(baecker-frank.de)* im Süden. Und dann gibt's da ja noch die drei Brezelkörble vom Brezel-Frank *(brezelfrank.de)* auf der Königstraße. Die sind der perfekte Power-Snack für Stadtexpeditionen!

INSIDER-TIPP
Brezel to go

5 **Backakademie Katz • Planckstr. 33, 71665 Vaihingen/Enz • baeckerei-katz.de/backkurse**

Ein Mineralwasser bitte! Kultbaden im neuen »Neuner«

→ Wo das Mineralwasser stilecht im schicken 50er-Jahre-Look sprudelt: das Mineralbad Berg

Nimm 5 Mio. Flaschen Mineralwasser, leere sie in ein Schwimmbecken und lasse dich langsam hineingleiten. Während du dich so dahintreiben lässt, trinkst du von Zeit zu Zeit ein Schlückchen. Und schon fühlst du dich wie im *Mineralbad Berg*, dem kultigsten der drei Stuttgarter Mineralbäder. Kultig nicht nur, weil weder das quirlige Mineralbad Leuze noch das entspannte Canstatter Bad diesen gewissen 50er-Jahre-Charme atmen. Kultig auch, weil du wohl in keinem anderen Bad so viele unterschiedliche Stuttgarterinnen und Stuttgarter triffst. Die einen kommen seit Jahrzehnten, die anderen erholen sich vom Studi-Alltag und wieder andere drehen auch bei Minusgraden ihre Runden im 22 °C warmen Außenbecken. Die Bergianer sind ein Völkchen von Individualisten – weshalb die Sorge groß war, dass das »Neuner«, das 1856 von Friedrich Neuner eröffnet wurde, seine herrlich angestaubte Atmosphäre verlieren würde. Doch siehe da, die vierjährige Renovierung bis 2020 war so vollständig wie behutsam und das Bad landete im 21. Jh., ohne dabei allzu viel seines besonderen Flairs zu verlieren. Die erwähnten 5 Mio. l Mineralwasser fließen hier übrigens täglich aus sechs Quellen durch die unterschiedlich warmen beiden Innen- und das Außenbecken. Noch ein Tipp: Wer im Berg plantscht und spritzt, zieht finstere Blicke auf sich. Und in die Sauna geht man wie eh und je nach Geschlechtern getrennt.

INSIDER-TIPP
Sich kulinarisch treiben lassen

Baden macht hungrig? Dann spazier hinterher hinauf in den Park zum *Buschpilot*, um hier, mitten im Grünen, schwäbisch zu schlemmen. Und dazu ein, nein, kein Mineralwasser, sondern ein kühles Bier- oder Weinchen.

6 **Mineralbad Berg • Am Schwanenplatz 9, 70190 Stuttgart • stuttgarterbaeder.de/mineralbadberg**

7 **Buschpilot • Karl-Schurz-Str. 28c, 70190 Stuttgart • buschpilot-stuttgart.de**

MINERALBAD
BERG
Aus Tradition
MINERALBAD BERG

Wilde Tiere besuchen

Wilhelma? Nein, Nymphaea!

Müssen es immer gleich südamerikanische Mähnenwölfe, asiatische Löwen und Netzgiraffen aus Nordkenia sein oder reichen für einen gemütlichen Ausflug mit tierischen Erlebnissen auch Esel, Ziegen, Rehe und ein paar Papageien? Wenn's nicht allzu exotisch und pompös, dafür eher klein, fein und heimisch sein darf, solltest du einen Besuch im *Tierpark Nymphaea* auf der Esslinger Neckarinsel planen. Ein Rundgang führt durch eine hiesige Wildnis, angenehm schattig unter einem dichten Blätterdach von Eichen, Buchen, Eiben und anderen Baumriesen hindurch, um einen See herum, in dem Fische und Wasserschildkröten zu Hause sind. Auf dem Weg begegnest du einer Reihe von eindrucksvollem Federvieh und Fellgetier, darunter ein stolzer Uhu, schrille Papageien, lustige Ratten, zierliche Rehe, freundliche Esel und ganz schön lange Schlangen.

Großer Vorteil und dicker Erlebnis-Pluspunkt vor allem für die kleinen Besucher: An der Kasse gibt's Popcorn, das einem viele der Inselbewohner gerne aus der Hand fressen. Aber Vorsicht: Behalte deine Kinder im Blick, die greifen nämlich selbst gerne zum aufgepoppten Mais, und dann ist für die Tiere nichts mehr da. Im Eingangsbereich befinden sich Restaurant, Biergarten, Kinderspielplatz, Ponyhof und Schildkrötenbecken. Nach dem Parkbesuch lohnt sich ein Spaziergang entlang des Neckars. Nimm dazu den Ausgang bei den Ponys und kraxele auf der gegenüberliegenden Seite den steilen Pfad hoch.

← Futterlieferung für die Ziegen des Tierparks Nymphaea

INSIDER-TIPP

Nicht fürs Kino

8 Tierpark Nymphaea • Nymphaeaweg 12, 73730 Esslingen • tierpark-nymphaea.de

Ist es die da? Oder die da? Wo der Hip-Hop Deutsch lernte

Du stehst nicht so auf deutschen Hip-Hop? Das ändert sich, keine Sorge, schließlich bist du in Stuttgart, der »Mutterstadt«. Beats, Bässe, Benztown heißt die Devise, und wenn im Kalender eines der Kopfnicker-Konzerte steht, dann nichts wie hin. In der *Schräglage* etwa wird gerappt, gesampelt und gebasst, was das Zeug hält. Sollte hier der »0711«-Club am Start sein, musst du dabei sein: Die Partyreihe, die man schon in den Neunzigern nicht verpassen durfte, ist längst Legende. Sie war Heimat und Sprungbrett für die Fanta 4, für Freundeskreis, Afrob, Massive Töne. Doch warum wurde ausgerechnet hier der Rap deutsch? Die US-Soldaten, die in den 1990ern in Stuttgart stationiert waren, brachten ihn mit. Und er kam bei manchen schwäbischen Buben richtig gut an. Allerdings passte er nicht so recht zwischen Kehrwoche und Brezelbacken, der rotzige Sound aus den Straßen der US-Städte. Also verwandelten ihn Smudo, Thomas D, Michi Beck und And.Ypsilon in etwas Neues, nannten sich »Die Fantastischen Vier« und machten »deutschen Sprechgesang«. Der Gründungsmythos according to Massive Töne: »Willkommen in der Mutterstadt, der Motorstadt am Neckar; Mekka für Rapper ...«

INSIDER-TIPP
Fester Termin im Kalender

Längst sind die Fantas & Co. die *elder statesmen*, abgelöst von Pandamaske Cro, von den Orsons, von Marz und Rin, die alle aus Stuttgart kommen, oder von Bausa aus dem nahen Bietigheim. Viele von ihnen treten auch *Im Wizemann* auf, wo im Übrigen auch mal fett gerockt oder eher leise gesingersongwritert wird.

← Pudelnass geschwitzt und überglücklich: In der Schräglage wird hart gefeiert

9 Schräglage • Hirschstr. 14, 70173 Stuttgart • schraeglage.tv

10 Im Wizemann • Quellenstr. 7, 70376 Stuttgart • imwizemann.de

Stadion-Feeling
Jubel für Rollergirls und Footballboys

→ **American Football mitten im Schwabenländle: beim Spiel der Stuttgart Scorpions**

→ **Rollen und Body-Checks: Die Stuttgarterinnen sind Pioniere im Roller Derby**

INSIDER-TIPP
Fighten und feiern

Sie heißen Ellie Minate, Pogo Galore oder Bets Spencer. Und sie zeigen, dass Stuttgart viel mehr ist als immer nur »VfB, olé, olé«. 2006 kannte hier keiner Flat Track Roller Derby aus den USA – bis ein paar toughe Mädels, die sich im Bonnie & Clyde im Osten trafen, den Vollkontaktsport auf Rollschuhen für sich entdeckten. Sie gründeten den ersten Club Deutschlands, und heute spielt das Team von *Stuttgart Valley Roller Derby* in der Bundesliga.

Worum's geht? Kurz gesagt: Beide Teams versuchen, den Punktemacher – den Jammer – des Gegners zu blocken und dem eigenen freie Bahn zu verschaffen. Und das Ganze auf einer ovalen Bahn, die nicht verlassen werden darf. Ein bisschen wie American Football, nur eben auf Rollschuhen. Klingt spannend? Pogo Galore & Co. suchen immer Mitspielerinnen, und bei den Heimspielen ist ordentlich Stimmung. Pogo Galore ist seit zehn Jahren dabei, und immer noch Feuer und Flamme. Auch wegen der tollen Community aus unkonventionellen Menschen, die hinter dem Sport stehen.

Apropos American Football: Vor 40 Jahren gegründet, sind die *Stuttgart Scorpions* schon 1985 das erste Mal in die Bundesliga aufgestiegen. Bei Heimspielen im Gazi-Stadion im Schatten des Fernsehturms kannst du die Spielzüge von Quarterback, Receiver und Linebackern bejubeln. Es hetzen übrigens längst nicht nur Männer in ihren modernen Ritterrüstungen über den Rasen: 2019 waren die Stuttgart Scorpions Sisters Vizemeister in der 1. Bundesliga.

11 **Stuttgart Valley Roller Derby • Training und Spiele in verschiedenen Hallen • svrd.de**

12 **Stuttgart Scorpions • Gazi-Stadion auf der Waldau, Guts-Muths-Weg 4, 70597 Stuttgart • stuttgart-scorpions.de**

HTL
43
5

27
180

Ahoi, Kapitän! Paddeln und Schiffe gucken am Neckar

Viele Städte haben eine wilde Affäre mit dem Fluss, an dem sie liegen. Stuttgart, ähem, nicht. Der Neckar und die City, sie haben sich leider wenig zu sagen. Es scheint, als sei der Fluss – zu Recht! – tödlich beleidigt, dass er im Stadtgebiet weitgehend in ein fieses Korsett aus Beton gezwängt wurde. Wer den durchaus vorhandenen Reizen des Richtung Rhein strebenden Gewässers nachspüren möchte, muss also raus aus grauer Städte Mauern, z. B. nach Remseck. Das kannst du immer flussabwärts radelnd in einem Stündchen erreichen: Leih dir im Kessel eines der (E-)Bikes von RegioRad *(regioradstuttgart.de)* und schwing dich in den Sattel, Reiseziel ist das *Bootshaus am Hechtkopf*. Das Restaurant liegt auf der Spitze einer kleinen Landzunge – dem Hechtkopf –, am Zusammenfluss von Rems und Neckar. Von der großen Terrasse und dem Aussichtssteg aus wirst du zwar keine Riesendampfer bestaunen können, aber die vorbeiziehenden Flussschiffe haben auch schon ordentlich Wumms. Zum Wasser- und Schiffegucken werden vom Restaurant-Team serviert: griechische und schwäbische Spezialitäten und, passend zum Flair, Fischgerichte.

← Im Bootshaus am Hechtkopf kannst du die vorbeiziehenden Schiffe zählen …

← … und gut essen

Wer's richtig spannend mag, fährt 25 Minuten mit der S-Bahn flussaufwärts nach Esslingen für eine *Kanadiertour*. Hier paddelt man im Sommer mit dem Kanadier durch die Altstadt, durch Spots wie Klein-Venedig, Klein Manhattan oder Klein Amazonas. Stuttgarts Nachbarstadt hat sie nämlich, die Affäre mit dem Fluss.

INSIDER-TIPP
Im Kanu in der Altstadt

13 **Restaurant und Biergarten Bootshaus am Hechtkopf • Fellbacher Str. 2/1, 71686 Remseck • bootshausamhechtkopf.net**

14 **Kanadiertour • Esslingen • esslingen-marketing.de/kanu**

Stuttgart in mini
Streifzüge durchs Stadtgedächtnis

→ **Im StadtPalais erlebst du das Kesselleben hautnah**

→ **In den Miniaturwelten Stuttgart gehst du auf Zeitreise**

»Stuttgart ist schön, gegen dieses scheiß München ein Paris«, sagte der Dichter Joachim Ringelnatz. Klar, dass man dieses Bonmot auch im *StadtPalais* lesen kann – wo es einen ersten kleinen Hinweis gibt, wohin die Ausstellungsreise im Stuttgarter Stadtmuseum geht. Nämlich nicht in die dröge Historienecke. Namen und Zahlen? Musst du dir nicht merken. Du bleibst sowieso erstmal am riesigen Modell der Stadt hängen, das die Häuser, den Kessel, die Hänge und Täler nachbildet. Jetzt wird's multimedial und interaktiv, vom beschaulichen Start in der Antike reist du durch die Zeit, bis dich das heutige Stuttgart einholt. Farben, mal flächig eingespielt, mal pulsierend, zeigen dir, wie er tickt, lebt und manchmal kocht, der Kessel. Stadtmuseum? Pah, das StadtPalais ist ein kollektives Gedächtnis, das flott, jung, schwäbisch daherkommt. Du blickst in Gucklöcher und greifst in Schubladen, lauschst Hip-Hoppern und Hausfrauen, baust, staunst, und die Stadt am Nesenbach (oder Neckar?) erwacht zum Leben. Genau wie in der Museumsgastro »drinnen & draußen«: Es gibt kaum einen schöneren Platz in der City als beim Sundowner auf den Stufen des StadtPalais zu sitzen, mit Blick auf den Schlossplatz.

INSIDER-TIPP
Schau mal genau hin

Superdetailgetreu ist das Stadtmodell in den *Miniaturwelten Stuttgart:* Hier erwartet dich seit dem Frühjahr 2022 mit 160 m^2 der weltweit größte Nachbau einer Stadtlandschaft. 500 Gebäude hat der Erbauer Wolfgang Frey eigenhändig nachgebaut – und weil er dafür 34 Jahre brauchte, ist der Besuch der faszinierenden Ministadt auch eine Zeitreise vor den Bahnhofsumbau. Du wirst dich kaum losreißen können, versprochen!

15 **StadtPalais – Museum für Stuttgart • Konrad-Adenauer-Str. 2, 70173 Stuttgart • stadtpalais-stuttgart.de**

16 **Miniaturwelten Stuttgart • Arnulf-Klett-Platz 1–3, 70173 Stuttgart • miniaturweltenstuttgart.de**

STUTTGART

SIEMENS

Hat da jemand »Essen« gesagt? Na klar! Aber nur das leckerste und nur in der schönsten Umgebung. Geh auf Foodietour! Wo es die besten Pinsas gibt, Heißgetränke in Mini-Cafés und Regionales in Picknickkörben. Und danach ein Gläschen Wein im Besen?

Die Lecker bissen

Verführerisches von süß bis deftig

Geht nur in Stuttgart
Essen retten im Foodsharing-Café

Deutschlands erstes Foodsharing-Café findest du tatsächlich hier in der City! Sterneküche hat das reiche Stuttgart nämlich satt – jetzt wird gegessen, damit nichts weggeworfen wird. Von den über 7 Mio. t Lebensmitteln, die jedes Jahr in Deutschlands privaten Mülleimern landen, wäre mehr als die Hälfte vermeidbar. Das wissen Jana, Simon, Max, Maike und Lisandro, die sich bei der Stuttgarter Foodsharing-Gruppe kennengelernt haben. Aber nur Lebensmittel retten war ihnen auf Dauer zu wenig: Im herrlich gemütlichen *Raupe Immersatt* kannst du zwischen den aus Läden, Supermärkten oder Restaurants geretteten Lebensmitteln wählen und diese genießen – natürlich ist alles geprüft und einwandfrei.

Dazu gibt's speziell ausgesuchte Getränke von Betrieben aus der Region, wie etwa Bio-Säfte von Beutelsbacher, Biere der Schimpf-Brauerei, Weine vom Collegium Wirtemberg und echt fairen Kaffee. In der Raupe findest du keine Karte – und keine Preise. Denn: Du zahlst, was dir Essen und Trinken wert sind, alle, wie sie können und mögen. Und am Ende kannst du dir auch noch aus dem sogenannten Fairteiler oder den »Öffentlichen Schränken« im Café die Lebensmittel aussuchen, die du gerade brauchen kannst. Daneben veranstaltet die Raupe Schnippeldiscos, Kochkurse und Vorträge. Findest du gut? Dann rette doch mit und bring selbst vorbei, was du zu viel gekauft hast – besser in die Vitrine als in die Tonne!

← Entspannt im Café sitzen und gleichzeitig Gutes tun? Auf zur Raupe Immersatt!

← Der Name sagt's schon: der Fairteiler

INSIDER-TIPP
Hier bitte abladen!

1 Raupe Immersatt • Johannesstr. 97, 70176 Stuttgart • raupeimmersatt.de

All das bunte Gemüse
Am Herd mit dem SWR-Radiokoch

Bei weit über 60 verschiedenen Nationalitäten in Stuttgart ist kulinarisch einiges geboten. Ob die Küche Afrikas, der Provence oder des Nahen Ostens, ob Tapas, Samosas oder Sushi – alles schön exotisch. Manchmal aber darf's auch einfach mal einfach sein: über den Markt schlendern und mit Saisonalem was richtig Schönes kochen. Jörg Ilzhöfer, Koch mit Sterne-Erfahrung, nimmt euch bei der Hand: Ihr geht zusammen auf dem Wochenmarkt einkaufen und kocht anschließend gemeinsam in seiner *Eventkochschule*, direkt am Marktplatz im Haushaltswaren-Traditionshaus Tritschler. Und zwar ganz oben im 4. Stock. Klar, dass ihr dort erstmal den Balkon entert und bei einem Gläschen Kessler Sekt über die Dächer der Stadt schaut … bevor ihr unter fachkundiger Anleitung des SWR-Küchenexperten euer Drei-Gänge-Menü der Saison zubereitet. Und genießt!

INSIDER-TIPP
Ausschau halten

Ihr wollt es weniger urban? Dann fahrt bis zur Endhaltestelle Hedelfingen und kehrt ein bei *Sonja Lenz*. In der ehemaligen Dorfkneipe »Kreuzwirt«, besser bekannt als »die Schnelle«, hat die Seiteneinsteigerin ihre Kochschule eingerichtet: ein großes gemütliches Esszimmer mit offener Küche. Auch hier dürft ihr selbst kochen, wie wär's in viereinhalb Stunden einmal quer durchs Ländle? Maultaschen und Flädle, Linsen und Spätzle, Sauerkraut und Schupfnudeln, Rindsrouladen und Kartoffelsalat – und der Ofenschlupfer hinterher. Schwäbischer goht's nemme.

→ Jörg Ilzhöfer kooperiert mit Petra und Andreas Rapp vom Weilerhof

→ Probieren gehört natürlich zum Kochkurs dazu!

2 **Ilzhöfers Eventkochschule im Tritschler Ideenparadies • Marktplatz 7, 4. Stock, 70173 Stuttgart • ilzhoefers.tritschler.com**

3 **Sonja Lenz • Amstetter Str. 38, 70329 Stuttgart • sonja-lenz.de**

Ni hao! Chinatown unter der Königstraße

→ **Groß, bunt und ganz schön exotisch – das Go Asia verwirrt die Sinne**

Sollte dich mal wieder das Fernweh plagen, dann nimm die Rolltreppe nach Asien. Eine Etage unter der Königstraße bekommst du alles, um dich in den Urlaub zu katapultieren. Gut, du wirst zu Hause ein wenig am Herd jonglieren müssen, und es empfiehlt sich auch, mit einer Rezeptidee im Kopf in den Untergrund zu schweben. Aber am Ende reisen deine Geschmacksnerven in Richtung aufgehende Sonne.

Warum du dir schon vorher Gedanken über die Art des Kulinarik-Trips machen solltest? Weil du dich im Supermarkt *Go Asia* sonst heillos verlierst. Das Land des roten fermentierten Tofus, der Want-Want-Reis-Cracker, der Shogayaki-Saucen und chinesischen Klebreiskuchen mit Adzukibohnen ist einfach zu spannend. Grellorange Snack-Tüten drängeln sich ins Sichtfeld, unlesbare Schriftzeichen wollen nichts verraten und in der Tiefkühltruhe warten Tintenfischtuben und andere, noch nie gesehene Lebensmittel auf Kenner und Käufer. Mal würzig marinierten Entenhals probieren? Oder doch bei den Tapiokaperlen bleiben, den getrockneten Jasminblüten und der vietnamesischen Fischsauce, die auf deinem Einkaufszettel stehen? Reisen, so sagt man, werden erst auf Umwegen richtig spannend. 10 % Rabatt auf den Einkauf gibt's übrigens immer am ersten Samstag des Monats.

INSIDER-TIPP
Asiatisch-schwäbisch sparen

Und wenn du mal so gar nicht durchblickst? Dann geh an der Stadtbahnhaltestelle in den Untergrund: Im kleinen, feinen *Trieu Asia Shop* gibt's auch jede Menge Exotisches – und superfreundliche Mitarbeiter dazu, die dir alles erklären.

4 **Go Asia • Königstr. 1C (im UG), 70173 Stuttgart • goasia.net**

5 **Trieu Asia Shop • Eberhardstr. 1–3 (im UG), 70173 Stuttgart • Facebook: Trieu Asia Shop**

高山小土豆
高山小土豆

Pizza, aber antik
Das Geheimnis der Pinsa erforschen

Hat da jemand mit vollem Mund gesprochen? Nein, die Pinsa gibt es wirklich. Sie ist keine Pizza, sondern ihre ältere Schwester. Die antike römische Variante des beliebten Teigfladens ist nicht rund, sondern eckig und wird mit einer besonderen Mehlmischung aus Weizen, Soja und Reis hergestellt. Aber nicht aus Hefe-, sondern aus Sauerteig, der zudem 72 Stunden gehen darf – dadurch liegt der belegte Teigling auch nicht schwer im Magen. Dem Mythos zufolge wurde die Pinsa Romana bereits im 1. Jh. n. Chr. den Göttern geopfert, um deren Laune zu heben.

In der *Pinsa-Manufaktur* wird nichts geopfert, da futterst du selbst – und es funktioniert: Sie schmeckt so locker-fluffig und aromatisch, dass auch du sofort gute Laune bekommst. Bessem Lamari ist der Pinsa in Rom verfallen, und so hat er sie als Erster in den Stuttgarter Westen geholt. Ob mit klassischen Auflagen oder mit Salsiccia, mit veganer Bolognese, *halal* oder *dolce*, also bestrichen mit einer bekannten Nuss-Nougat-Creme: Alles wird ratztfatz weggefuttert. Bei noch mehr Hunger oder um deine eigenen kreativen Ideen umzusetzen, kannst du die vorgebackenen Pinsa-Fladen auch für zu Hause kaufen, in verschiedenen Größen.

Richtig kreativ geht's auch bei *L.A. Signorina* zu. Da gibt's zwar eigentlich die klassische Pizza – aber mit den wildesten und buntesten Auflagen der Stadt. Oder hast du schon mal einen solchen Fladen mit Bärlauchöl und lila Kartoffeln verputzt? Siehste! Pizza mit Crème fraîche, Pecorino, Zucchini und Pecannüssen kommt übrigens auch gut …

← Pinsa oder Pizza? Wo ist der Unterschied? Finde es in der Pinsa-Manufaktur selbst raus

INSIDER-TIPP
Zum Mitnehmen

6 Pinsa-Manufaktur • Bebelstr. 85, 70193 Stuttgart • pinsamanufaktur.de

7 L.A. Signorina • Marienplatz 12, 70178 Stuttgart • Facebook: LASignorinaStuttgart

So gar nicht vegan
Fleischprofi werden beim Edel-Metzger

→ **Wo Fleisch bewusst keine Billigware ist: im Meat Club**

Schon klar, fleischlos ist Trend. Aber mal ehrlich: Ab und zu ein Stück, das nicht aus Massentierhaltung stammt, sei doch gegönnt, oder? Im *Meat Club*, gegründet von den Ex-VfB-Profis Daniel Ginczek und Martin Harnik, gibt es nur Fleisch aus artgerechter, natürlicher Haltung und Fütterung von kleinen Erzeugerbetrieben. Damit es perfekt gereift bei dir auf dem Teller landet, sind die allermeisten Teile vakuumverpackt. Du kannst die verschiedenen Fleischsorten nicht nur vorab zum Probierpreis verkosten, sondern auch Tastings machen, viel über Fleisch lernen und Unterschiede erschmecken. Etwa wie die Rinderrassen Angus, Herford und Wagyu im Vergleich auf der Zunge zergehen oder wie sich eine unterschiedliche Fütterung oder Reifung auswirkt. Ins Detail geht ihr beim Wagyu-Tasting: F1 und F4 Roastbeef aus Australien, A1 Filet aus Japan – du weißt Bescheid? Nur Teile der edelsten Rassen landen in den schicken Glasvitrinen. Hier ist weniger mehr, denn so ein feines Stück kann schon mal 300 Euro pro Kilo kosten. Das Fachpersonal kann dir gleich noch die passenden Saucen und Gewürze, Messer, Schneidebretter und Weine dazu empfehlen.

INSIDER-TIPP
Perfekt ausgestattet

Das Fleisch hast du – die perfekte Zubereitung lernst du im *Cendo Grillstudio* in Esslingen: Die Indoor-Grillkurse sind einzigartig in der Region! Gib dabei alles von 80 bis 800 °C, dazu kannst du Grillzubehör und Feinkost direkt mitnehmen.

8 **The Meat Club • Eberhardstr. 31, 70173 Stuttgart • the-meat-club.com**

9 **Cendo Grillstudio • Kastellstr. 6–10, 73734 Esslingen • cendo.de, grillkurs-stuttgart.de**

THE MEAT CLUB
DIE BESTEN

MEAT
CLUB

Der kleine Schwarze
Erkunde die Mini-Cafés der Stadt

Platz ist in der kleinsten Hütte, oder besser im kleinsten Café. Wie viel Quadratmeter es im *Consafos* genau sind, sei dahingestellt. Es reicht jedenfalls für eine Sitzecke und eine kleine Theke. Und für jede Menge gute Laune und Freundlichkeit, für hervorragenden Kaffee und süße Stüggle. Zumal sich dank des vielleicht kleinsten Cafés der Stadt der – mal positiv formuliert – brutalst urbane Joseph-Süß-Oppenheimer-Platz an schönen Tagen in eine wunderbare Chill-Zone verwandelt, die sich mit Wein und Cocktails perfekt ins Abendblau verlängern lässt.

Wenn du schon mal dabei bist: Wie wär's mit einer Entdeckungsreise durch die kleinen Kaffeeoasen der Stadt? Also auf in den Osten, hinein in den gemütlichen Backsteincharme von Ostheim, zum *Schwarzmahler.* Hier verwandelt Heiko Blocher selbst geröstete ökologische und fair gehandelte Bohnen in Köstlichkeiten in Tassen. Die Bohnen kannst du natürlich auch mit nach Hause nehmen, zusammen mit jeder Menge Equipment. Und direkt nebenan gibt's in der Schleckerei *(zur-schleckerei.de)* Eis, u. a. aus – richtig! – Schwarzmahler-Bohnen.

Ein echter (Kleinst-)Klassiker ist die *Caffè-Bar* im Schatten des Tagblatt-Turms, wo es feine Italo-Snacks zum ausgezeichneten Bohnengetränk gibt, dessen Zubereitung du in Barista-Kursen lernen kannst. Du willst schon los? Dann verpasst du aber den samstagabendlichen Espresso-Klub mit Drinks und DJs!

← Heiko Blocher weiß, wie's läuft – und bereitet dir einen schwarzen Kaffee zu

INSIDER-TIPP
Schlecken? Aber bitte mit Bohne!

10 **Consafos • Königstr. 33, 70173 Stuttgart • Facebook: ConsafosStuttgart**

11 **Schwarzmahler • Landhausstr. 154, 70188 Stuttgart • schwarzmahler.de**

12 **Caffè-Bar • Torstr. 27, 70173 Stuttgart • caffe-bar.com**

Maier's
Lindenhof
Lädle
12
Lindenhof
Lädle
Lindenhof
Lädle
24 h
Regionale Produkte
Eier
Milch
Butter
Joghurt
Cordon - bleu - Spieße
Grillschnecken
Rindersteaks
Schweinesteaks
Rote
Käse - Rote
frische
Erdbeere

Bauernhof urban
Gutes rund um die Uhr im City-Hofladen

← **Schaffst du's nicht zum Bauern, kommt der Bauer halt zu dir: Gutes vom Land gibt's im Lindenhoflädle**

Gerade in der Stadt angekommen oder wieder mal den Ladenschluss verpasst? Dann schau mal im Stuttgarter Süden ins kleine *Lindenhoflädle*: Bei Familie Maier bekommst du Eier und Milchprodukte, Fleisch, Wurst und Kartoffeln vom eigenen Hof. Und das rund um die Uhr! Einfach in den kleinen Zwischenraum vor dem Lädle gehen und am Automaten schauen, was es da so gibt. Nämlich alles für ein gutes Frühstück oder Abendessen – sogar fertig mariniertes Fleisch fürs spontane Grillen! Oder du gehst doch mal zu den regulären Öffnungszeiten hin. Dann erzählt dir Frau Maier, dass alles, was Kühe, Schweine und Hühner so liefern, vom Bauernhof im Kreis Tübingen kommt und Gemüse und Salat vom Biobetrieb im Kreis Böblingen stammen. Dass sie den Joghurt selbst machen und alles, auch der Apfelsaft, regional ist. Und dass Sohn Alexander für die Grillsachen zuständig ist, etwa den marinierten Schweinerücken, der förmlich »Grill mich!« ruft. Dass ein Lädle in Stuttgart schon immer ihr Traum war, den sie und ihr Mann sich 2016 erfüllten. Und dass auch die Stadtführungen bei ihnen Station machen, zwei- bis dreimal die Woche, bei einem Imbiss und allerlei Anekdoten. Das wär doch auch was, oder?

Wenn der Süden für dich zu weit weg ist, hast du im Osten vor dem Ministerium am Kernerplatz den *»Natürlich. Von daheim«-Regiomaten* mit Schwäbischem aus der Region: schnell noch einen Vorrat aus Cassis-Gelee und Wildschwein-Roter ziehen, der dich vorm Verhungern bewahrt.

13 **Lindenhoflädle • Weißenburgstr. 12, 70180 Stuttgart • Facebook: Lindenhof Lädle**

14 **»Natürlich. Von daheim«-Regiomat – Lebensmittelautomat vor dem Landwirtschaftsministerium • Kernerplatz 10, 70182 Stuttgart**

Jetzt wird gesummt, Biene! Leckerer Honig aus der City

→ **Auch Stadtbienen sind äußerst fleißig – und finden jede Menge Honigquellen**

Stuttgart ist Bienenstadt. Sagt nicht nur die in Stuttgart gegründete Imkerei mit dem genialen Namen – Achtung! – Summtgart *(summtgart.de)*. Hier haben's Bienchen gut, es gibt glückliche Völker und besten Honig. Wohl dem, der ein Summtgarter Honig-Abo hat: Damit sichert man sich zweimal im Jahr jeweils sechs Gläser mit unterschiedlichen Sorten der süßen Versuchung. In *Imker Pabel's Honigstube* in Stuttgart-Plieningen finden sich so herrliche Dinge wie die »frühlingshafte Freude«, ein »reichhaltiges Leben« und die »unerreichte Majestät«, selbstverständlich alles regional. Beim *Imker Pfeifle* stimmt alles: der schwäbische Name und der »Stäffeles«-Honig, der zu 100 % aus Stuttgart kommt. Die Bienen des Imkerveteranen, der seit bald 40 Jahren für leckere Süße aus der Natur sorgt, fliegen rund um die Weinsteige, auf der Wangener Höhe oder in Sonnen(!)berg.

Der Verein Stadtbienen *(stadtbienen.org)* macht einen auf Bienenimmobilienmakler in Großstädten. Vermittelt werden auch in Stuttgart Luxusbuden mit tierischen Idealbedingungen. In den »Jahreskursen ökologische Bienenhaltung« werden neue Wild- und Honigbienenhalter ausgebildet. Bei Interesse gleich bewerben! Vorkenntnisse sind nicht erforderlich. Und wer seine Liebe zur Biene erstmal testen möchte, um dann zu Hause loszulegen: Für den Start gibt's auch Schnupperkurse.

INSIDER-TIPP
Mieter für Summer gesucht

15 **Imker Pabel's Honigstube • Filderhauptstr. 45, 70599 Stuttgart • imker-pabel.de**

16 **Imkerei Peter Pfeifle • freitags auf dem Wochenmarkt Wilhelmsplatz, 70180 Stuttgart**

Trollinger to go Hol dir einen Picknickkorb vom Winzer

Picknick ist das neue Sterne-Essen. Zumindest dann, wenn man sich die Leckereien von Profis zusammenstellen lässt. Fahrt z. B. mit der S-Bahn raus bis Mettingen und holt euch bei den *Esslinger Weingärtnern* euren prall gefüllten Picknick-Rucksack für zwei. Oder den Bollerwagen für eine größere Gruppe (zehn bis 15 Personen). Nicht vergessen: Zwei Tage vorher reservieren! Dann könnt ihr euch auf lauter regionale Spezialitäten freuen, auf Esslinger Wein und prickelnden Secco. Damit geht's dann rauf auf den Esslinger Schenkenberg, um sich entlang des Weinerlebniswegs ein schönes Plätzchen zum Schlemmen zu suchen. Am besten mit Blick aufs Neckartal und auf die malerische Esslinger Altstadt. Und knipst ein Foto vom Sonnenuntergang!

Oder ihr erklimmt den Wirtemberg und holt euch den online reservierten Picknickkorb im *1819 Bistro* ab, direkt unterhalb der Grabkapelle. Dort hinauf pilgert ihr dann auch, stoßt mit einem Piccolo des Collegium Wirtemberg auf die fantastische Aussicht an und lasst euch euer Vesper schmecken.

Und zum Schluss noch ein Funfact: Stuttgart ist die einzige deutsche Großstadt mit einem eigenen städtischen Weingut. Mitten in der City, direkt hinter dem Hauptbahnhof, ziehen sich die Rebhänge empor. 16 ha Weinberge sind heute über das ganze Stadtgebiet verteilt. Warum wir das wissen müssen? Weil in den Weinbergen mitten in der Stadt, auf der Karlshöhe, einer der schönsten Aussichtspunkte und Plätze zum Picknicken ist!

← Na dann Prost! Mit dem Picknickkorb der Esslinger Weingärtner schlotzt man den Wein dort, wo er herkommt

INSIDER-TIPP
Aussichtsträumchen

17 Esslinger Weingärtner • Lerchenbergstr. 16, 73733 Esslingen • weingaertner-esslingen.de

18 1819 Bistro am Wirtemberg • Württembergstr. 340A, 70327 Stuttgart • 1819bistro.de

Maultaschen reloaded Teste die Schwabenküche 2.0

→ **Versuch noch ein Plätzchen im Gasthaus Bären zu ergattern …**

→ **… und lass dir die schwäbischen Tapas schmecken**

INSIDER-TIPP
Maulis im Brötchen

Kässpätzle 2.0, Zwiebelrostbraten reloaded oder Filderkraut Revolutions – auch die schwäbische Küche lässt sich ins 21. Jh. überführen. Oder in einen anderen Kulturkreis: Im *Gasthaus Bären* schlemmst du dich durch Linsen, Saitenwürste, Schupfnudeln und Maultaschen im spanischen Tapas-Format. So lernst du dank Portionen im (auch preislichen) Kleinformat die ganze Bandbreite der hiesigen Küche kennen, ohne gleich ins Fitnessstudio zu müssen. Auch die Weine stammen von hier – Kesselliebe, you name it! – und das Bier rollt in Fässern von Schönbuch Bräu in den Keller.

Lust auf Experimente? Der StuggiTownBurger bei *Stuggi Burger* trägt eine Maultasche im Herzen samt Spiegelei und Röstzwiebeln – die ultimative Vermählung des Swabian und American Fast Food.

Apropos Snacks. Bei *Herr Kächele* kannst du nicht nur Maultaschen aller Art zum »Mitnehmen oder hier essen« ordern, in den Kochkursen lernst du, wie du die Herrgottsb'scheißerle nicht schief, sondern richtig wickelst. Komm mal zum Bistro in der Schulstraße, da kannst du bei Kässpätzle, Fleischküchle und Omas Linsen im Vorbeigehen zuschlagen. Das Fleisch stammt aus artgerechter Haltung, wer's trotzdem nicht mag, wird regional-schwäbisch-vegetarisch-vegan glücklich.

19 **Gasthaus Bären • Paulinenstr. 45, 70178 Stuttgart • Facebook: GasthausBaerenStuttgart**

20 **Stuggi Burger • Bebelstr. 25, 70193 Stuttgart • Facebook: StuggiBurger**

21 **Herr Kächele • Schulstr. 2, 70173 Stuttgart • herr-kaechele.de**

Bären
GASTHAUS

Sweets for my sweet
Stuttgart-Süßis selber machen

Das reine Süßis-Paradies wartet in der Charlottenstraße auf euch – und weckt Kindheitserinnerungen. In der *Sweets Bonbonmanufaktur Stuttgart* verführen euch Bonbons in allen Farben und Geschmacksrichtungen von Ananas bis Zitrone. Nirgendwo sonst in der Stadt könnt ihr so zwischen bauchigen, verführerisch gefüllten Gläsern stöbern wie hier. Unbedingt probieren: die Saison-Specials wie Bratapfel oder Lebkuchen! Ihr wollt selbst Hand anlegen? Dann macht mit ein paar Freunden einen Bonbon-Workshop! Die nächste Ladys Night – gibt's auch für Men! – wird also ein süßes Geheimnis. Das Gläschen Sekt gehört natürlich dazu, wenn ihr die Zuckermasse kocht und eure ganz eigene Aromenmischung und Farbe kreiert. Dann verleiht der Zuckerhaken dem Ganzen den richtigen Glanz, bevor ihr die Masse in Stränge zieht. Nach zwei bis drei Stunden dürft ihr wohlgeformte Kissenbonbons mit nach Hause nehmen und dekorative Lollis, gerollt oder in Herzform. Dabei sind alle Zutaten vegan, gluten-, laktose- und gelatinefrei, die Aromen natürlich und die Farbstoffe stammen aus Pflanzen-, Frucht- oder Gemüseextrakten.

← Werde zum Süßigkeiten-Meister – in der Sweets Bonbonmanufaktur

Ach, ihr seid mehr so der Schoko-Typ? Dann seid ihr in Waldenbuch richtig: Bei *Ritter Sport* könnt ihr euch mit family and friends in der Schokowerkstatt austoben und erhaltet am Ende eure persönliche Lieblingsschokolade. Große Augen bekommt ihr im SchokoShop, wo ihr jede Menge süße Schnäppchen macht (Tipp: kiloweise Bruchschokolade!). Mit dem Besuch der Schokoausstellung und der Sammlung zeitgenössischer Kunst rund ums Quadrat (!) von Marli Hoppe-Ritter wird der Tag dann perfekt.

INSIDER-TIPP
Schoko bis zum Abwinken

22 **Sweets Bonbonmanufaktur Stuttgart • Charlottenstr. 20, 70182 Stuttgart • sweets-stuttgart.de**

23 **Ritter Sport Schokoladen und -werkstatt • Alfred-Ritter-Str. 27, 71111 Waldenbuch • ritter-sport.com/de**

Prost! Hochprozentiges im Kessel gebraut

→ **Die Macher des Ginstr: Markus Escher und Alexander Franke**

***Ginstr* heißt er:** Stuttgarts erster und einziger Dry Gin. Und gekrönt ist er auch schon, ausgezeichnet in London als der beste Gin der Welt für Gin & Tonic – als erster deutscher Gin! Trotzdem bleibt er eine Liebeserklärung an die Schwabenmetropole, sagen Markus Escher und Alexander Franke. Zusammen sind sie die *Stuttgart Distillers*: Escher als Winzersohn, Brennmeister und Gin-Liebhaber und Franke, besser bekannt als »Sandy«, mit 15 Jahren damals jüngster Radiomoderator Deutschlands und langjähriger Gin-Fetischist. Die Schnapsidee ist echte Handarbeit und komplett 0711: Auf der Flasche prangt natürlich der Fernsehturm, im Markennamen findet sich der Flughafencode für die City und sie füllen jeweils nur 711 Flaschen ab. Klaro, dass die 46 Botanicals in Stuttgart und der Region wachsen oder von regionalen Händlern stammen. Fehlt noch etwas? Genau, Cannstatter Mineralwasser ist auch mit drin. Du bekommst den Gin direkt bei den Stuttgart Distillers. Oder erlebst ihn am besten »in Aktion« in der ungewöhnlichsten Bar Stuttgarts: Im Jigger & Spoon *(jiggerandspoon.de)*, das im Tresorraum einer ehemaligen Bank logiert, orderst du den genauso ungewöhnlichen Ginstr-Cocktail »FriendSTR«.

INSIDER-TIPP
Trinken im Tresor

Auch einen anderen Klassiker unter den Bränden gibt es »von hier«: Bei *Günther Busch* bekommst du den ersten Stuttgarter Malz-Whisky. Nach drei Jahren im amerikanischen Eichenfass gibt der Brenner seinem Single Malt Whisky vom Wirtemberg im gebrauchten Bourbon-Fass den rauchigen Schliff. Die Goldmedaille von der Prämierung der Kleinbrenner gab's auch schon.

24 **Stuttgart Distillers: Ginstr • Naststr. 15c (im Römerkastell), 70376 Stuttgart • stuttgartdrygin.com • Ladenverkauf Mo–Fr 10–18 Uhr**

25 **Brennerei Günther Busch • Württembergstr. 205, 70327 Stuttgart • Ladenverkauf Fr+Sa 10–18 Uhr oder nach telefonischer Vereinbarung: 07 11/33 34 37**

GINSTR
GINSTR

Zeig mir, wo der Besen hängt Weinwirtschaften auf Zeit

Der Schwabe braucht seinen Besen. Jeden Samstag für die – Klischealaaaaarm! – Kehrwoche. Und jederzeit für Geselligkeit, Speis und Trank, Wein und Wurstsalat. Denn der Besen hängt da, wo wir genau das finden: vor den Besenwirtschaften, die temporären Schankstellen der Wengerter. Ganz traditionell findet ihr das noch bei *Michels Gauder-Besen* auf dem Haigst in Degerloch. Thomas Michel war Direktor des Lindenmuseums am Hegelplatz, bevor er sich Weinberge an der Weinsteige zulegte und schließlich den »Gauder-Besen« übernahm. Als Völkerkundler reiste er viel, lebte vier Jahre unter Kannibalen in Neuguinea – und brachte allerlei Andenken mit. Dort an der Wand? »Das sind zwei Schädel meiner Freunde«, sagt Thomas Michel, sie haben bei ihm ihre letzte Ruhe gefunden. »Sie sollen mich schützen«, erklärt er, ein Ahnenkult. Die Gäste auch? »Sie sind für alle da«, sagt er lachend. Die Weine wie Syrah und Pinot Noir, Riesling und Gewürztraminer machen euch auf jeden Fall glücklich! Ihr wollt mehr? Im kleinen Hofladen könnt ihr die elf verschiedenen Weine auch für zu Hause mitnehmen.

← Hübsch, gemütlich und drinnen auch ganz schön exotisch: Michels Gauder-Besen

INSIDER-TIPP
Besen to go

Modedesignerin Monika Marohn und Milan Benadik betreiben ihren stilvollen *Besen66* in einem schönen alten Gebäude. Etwas schicker hergerichtet, mit herrlicher Terrasse und urigen Gewölbekellern mit Kristalllüster und Klavier. Zu prämierten Weinen vom Degerlocher Scharrenberg, aus dem Remstal oder aus Leonberg gibt's selbst gemachte Maultaschen und Rostbraten! Besen über der Stadt – nicht abgehoben, aber gehoben.

26 **Michels Gauder-Besen • Meistersingerstr. 23, 70597 Stuttgart • degerloch.info**

27 **Besen66 • Neue Weinsteige 66, 70180 Stuttgart • Besen66.de**

Mehr als Brezeln

Auch Schwaben können Stulle

Ein (gebuttertes) Laugenkunstwerk bringt auch die kleinsten Schwaben über ein Hüngerchen hinweg. Aber auch Weckle (Brötchen) oder Buddrbroote sind gute Brezel-Alternativen – ob fertig belegt oder selbst gemacht. DIYs werden besonders gut, wenn du das superleckere Sauerteigbrot aus der *Brotique* scheibenweise veredelst. Hier schmeckt's ganz unverfälscht und, ja, man kann Sauerteig auch mit Dinkel oder Weizen machen. Ein besonderer Genuss: die Sauerteigbrioche, die 44 Stunden braucht, dann aber auch die perfekte Unterlage fürs Gsälzbrot abgibt.

INSIDER-TIPP
Prima für Marmelade

Du bekommst unterwegs Hunger? Dann mach einen kurzen Abstecher nach New York. Oder besser, an die Upper Alb Side: Denn bei *Martha's* stammt das Pastrami im gleichnamigen Sandwich von der Schwäbischen Alb, gibt sich aber ganz manhattan. Das Brot von hiesigen Bäckern wird angeröstet, mit Mayo, Senf und sauren Gurken (alternativ: Preiselbeeren oder Krautsalat) getoppt und dann auf dem Holzbrettchen serviert. Ehrlich, da würde jeder NYPD-Cop aber sowas von auf die Knie fallen.

→ So muss Brot aussehen – nämlich wie das von der Brotique

→ New York in Stuttgart: die Sandwiches von Martha's

Dass Vietnamesen auch ganz groß im Weckle-Machen sind, beweist das *Banh Mi & Bubbles*. Getreu dem schwäbelnden Motto »Asian Fusion mit bissle French« verwandeln sich hier Baguettes in die namengebenden *bánh mì*, kulinarische Überbleibsel der französischen Kolonialzeit mit viel Asien-Flavour. Abends gibt's Drinks an der Bar, außerdem werden Sozialprojekte unterstützt.

28 **Brotique • Strohberg 21, 70180 Stuttgart • brotique.bio**

29 **Martha's • Königstr. 28, 70173 Stuttgart • marthas-stuttgart.de**

30 **Banh Mi & Bubbles • Eberhardstr. 65, 70173 Stuttgart • banhmiandbubbles.de**

Kunst & Kultur! Zum Gucken. Zum Machen. Zum Mitmachen. Und manchmal auch zum Kaufen. Im Museum oder an der frischen Luft. Wo die Puppenfiguren tanzen und kräftig gesprayt wird. Wo Poetry Slams auf schwäbisch stattfinden und wo faire Mode gemacht wird. Hier gibt's jede Menge kreativen Input!

Die kreativen Orte

Kunst & Kultur von gediegen bis hip

Das barockt! Kostümverkauf im Staatstheater

→ **Beim Fundusverkauf des Stuttgarter Staatstheaters bildschöne Roben ergattern**

Heute komme ich mal als Hamlet zum Abendessen. Oder als Maria Stuart? Als Fliegender Holländer? Gut, das ist vielleicht ein wenig übertrieben – aber möglich: Einmal im Monat kannst du beim *Kostümverkauf des Stuttgarter Staatstheaters* ergattern, was auf der Bühne ausgedient hat. Da gibt's dann jede Menge Kostüme, Stoffe und Accessoires, in denen du ungehindert stöbern kannst. Oft sind eindrucksvolle Unikate darunter, prächtige Barockkleider etwa, Ballett-Tutus oder ausgefallen-schräge Tierkostüme. Perfekte Teile also – für die nächste Faschingsparty, für glamouröse Abende oder vielleicht sogar für die eigene Hochzeit. Wenn's mal ordentlich barocken soll!

Wer es lieber schlichter mag, kommt ebenfalls auf seine Kosten: Die Bühnenklamotte gibt es auch einfach und alltagstauglich als T-Shirt, Sakko, Hose oder Hemd. Das Kostümverkaufs-Spektakel findet jeden ersten Samstag im Monat von 10 bis 14 Uhr statt, außer in den Theaterferien und an Feiertagen. Und es bleibt spannend, denn je nachdem, welche Stücke der Fundus entbehren kann, ändert sich das Angebot von Mal zu Mal. Nimm für deinen Kostümkauf in den kühleren Jahreszeiten auf jeden Fall eine Jacke mit, denn das Stöbern findet teilweise in einer offenen Halle bei Außentemperaturen statt. Klar kannst du die guten Stücke, die nicht selten Bühnengeschichte geschrieben haben, im Hinterraum unter improvisierten Bedingungen auch anprobieren. Wer sich übrigens gerne als Sparfuchs verkleidet, fällt hier kaum auf – die Preise sind teils unverschämt niedrig. Da möchte man doch gleich als Madame Butterfly nach Hause flattern.

INSIDER-TIPP
Warm anziehen

1 **Kostümverkauf Staatstheater • Zuckerfabrik 19, 70376 Stuttgart • staatstheater-stuttgart.de/entdecken/gut-zu-wissen/kostuemverkauf**

Auf Zacke Theater dort, wo die Zahnradbahn schlummert

Stuttgarts Kultur ist bekannt für Staats-Tragendes – die Staatsgalerie und die Staatstheater mit Staatsoper und Stuttgarter Ballett. Das eher Klassische ist nun nicht jedermanns Sache, aber es gibt ja noch mehr. Im Stuttgarter Süden behauptet das *Theater Rampe* (geschrieben: »Thtr Rmpe«) unweit des Marienplatzes seinen unvergleichbaren Platz im Kulturgeschehen. Es ist ein Haus für zeitgenössisches AutorInnentheater, für Performances, Gespräche und überhaupt für experimentelle Formate. Schon der Ort an sich ist einzigartig: Denn das Theater teilt sich das Gebäude in friedlicher Koexistenz mit der Stuttgarter Zahnradbahn, die zwischen Marienplatz und Degerlocher Höhe pendelt. Abend für Abend fährt die »Zacke« um 21 Uhr ins Foyer des Theaters ein, um ihre nächtliche Schlafstätte aufzusuchen. Wenn ihr also nach der Vorstellung aus dem Saal in den Vorraum kommt, könnt ihr der Bahn noch leise »gute Nacht« wünschen.

Die Intendantinnen Marie Bues und Martina Grohmann geben auch anderen kleinen Theatern eine Bühne, kooperieren mit Initiativen in der Stadt und bespielen den städtischen Raum. Zuletzt etwa bei Aktionen am Marienplatz, auf dem Eiermann-Areal (ehemaliges IBM-Gelände) in Stuttgart-Vaihingen oder im Züblin-Parkhaus. Das etwas andere Theater-Erlebnis gibt es auch bei den Nachbarschafts-Projekten wie dem Volks*theater: Wir alle, aus dem Stadtteil oder von weiter her, kulturbeflissen oder nicht, können nicht nur im Stück mitspielen, sondern auch am Stück mitwirken, schon vor dem Anfang sozusagen. Lust bekommen? Einfach mal nach den aktuellen Projekten fragen!

← Schlafplatz für die Zacke und Treffpunkt für Theatermenschen: die Rampe, …

← … wo man auch mal ganz unverhofft sich selbst begegnen kann

INSIDER-TIPP
Theater für alle

2 Theater Rampe • Filderstr. 47, 70180 Stuttgart • theaterrampe.de

Der Sound der City
Musikpause in der Stadtbibliothek

→ **Was fürs Auge, fürs Hirn … und für die Ohren: die Stadtbibliothek**

Wie klingt Stuttgart? Klar, wie jede Großstadt, nach Verkehr und Baustelle und dem Trubel vieler Menschen. Oder aber nach Musik. Nach Bands und Künstlern, nach Opernsängerinnen und -sängern, Ensembles und Chören und anderen Kreativen. Wenn dir der Stuttgart-Sound auf der Straße zu viel wird, dann klink dich aus und erforsche den Sound der Region: In der Musikbibliothek der *Stadtbibliothek am Mailänder Platz* findest du Tausende von CDs und Schallplatten regionaler Künstler, die du dir an Abspielstationen anhören kannst. Lass auf dem Weg in den 1. Stock die Blicke schweifen, denn das Bibliotheksgebäude ist ein Hingucker. Wegen ihres Äußeren als Bücherknast verschrien, ist die Bibliothek innen atemberaubend schön. Und eine andere Welt: Der Lärm des lebendigen Europaviertels bleibt draußen, es ist still im hell und geradlinig gestalteten Foyer. Ein packender Gegensatz zum Großstadttrubel. Wenige Schritte weiter, und du landest im Herzen des modernen Wissenspalastes: Ein sich über vier Etagen ausbreitender Luftraum, 3000 m³ Leere. Nur ein winziges Wasserbassin im Zentrum bricht dieses Nichts. Wow!

Genug gestaunt? Dann verpasse nicht den Blick von der Dachterrasse. Kaffee und Kuchen gibt's in der Cafeteria im 8. Stock. Ach ja, und wenn du genug Musik gehört hast, kannst du hier natürlich lesen, was das Zeug hält. Alles, was dein Herz begehrt. Und sogar ein Stück Kreativität darfst du aus der Bibliothek mit nach Hause nehmen: In der Graphothek im 8. Stock wählst du ein Kunstwerk aus und hängst es dir – gegen eine geringe Versicherungsgebühr – acht Wochen lang an deine heimische Wand. Ein Picasso ist zwar nicht dabei, aber ganz viele andere spannende Originalwerke.

INSIDER-TIPP
Kunst zum Ausleihen

3 Stadtbibliothek am Mailänder Platz • Mailänder Platz 1, 70173 Stuttgart • stuttgart.de/stadtbibliothek

Ein Kilometer Heilige Schrift Die längste Bibel der Welt

Man muss nicht bibelfest sein, um sich von dem Lebenswerk Willy Wiedmanns beeindrucken zu lassen: die gesamte Heilige Schrift als Gemälde. Die originale Wiedmann-Bibel umfasst 3333 handbemalte Farbtableaus, von Adam und Eva bis zur Offenbarung, zusammengefasst in 19 Leporello-Büchern. Aneinandergereiht ergibt das eine Bildergeschichte von 1170 m Länge. Wer sich darunter altbackene Kirchenmalerei in blassem Farbmantel vorstellt, liegt falsch. Die weltweit einzigartige Bibel-Variante schuf der Stuttgarter Künstler in seinem eigens entwickelten Polykon-Stil, sprich: Alles sieht ein bisschen so aus wie knallige Pixelkunst auf Karopapier mit Linien im 90- und 45-Grad-Winkel. Wiedmanns Bibelillustrationen sind farbig und laut, sie erzählen, ohne im christlichen Sinne belehrend oder einschüchternd zu wirken.

Die *Galerie Wiedmann* präsentiert neben Reproduktionen der weltberühmten Bibel die originale Schaffensstätte des Künstlers in dem rund 350 Jahre alten Fachwerkhaus in der Cannstatter Altstadt. Hier, auf dem engen Dachboden, zwischen Pinseln, Farbtöpfen, Büchern und Leinwänden, entstand zwischen 1984 und 2000 die längste und schrillste Bibelübersetzung der Welt – im stillen Kämmerlein, ohne weitgehende Bekanntmachung. Erst 2013, nach dem Tod Wiedmanns, entdeckte der Sohn des Malers im Atelier die 19 Leporellos, verpackt in vier Kisten. Als Kunstbegeisterter kommst du hier bei einer Führung einmal im Monat auf den Bibel-Geschmack, als Bibelleser unweigerlich zur Kunst.

← In der Galerie Wiedmann hängt sie, die ganze Bibel als Gemälde

4 Galerie Wiedmann • Tuchmachergasse 6, 70372 Stuttgart • galeriewiedmann.de

Treffpunkt 1958
Kino-Zeitreise mit Nostalgieflair

→ **Stimmungsvoll – die Kinothek Stuttgart**

Reisen in andere Leben und Welten, das ist es, was Kino ausmacht. In Obertürkheim kommt eine weitere Dimension hinzu, die man ebenfalls aus Hollywood kennt: die Zeitreise. Wenn du den größeren der beiden Säle des Kinos betrittst, wirst du nämlich erstmal stehenbleiben, staunen und begeistert »Hallo 1958!« rufen. Nostalgische Kinosessel aus Holz auf gemustertem Wohnzimmerteppich, Tischchen mit kleinen Lämpchen und ein Ambiente, das so weit weg ist von den gesichtslosen Multiplex-Kinos wie Fitzcarraldo vom Bau eines Opernhauses im Urwald Perus. Aber nicht nur die Atmosphäre des Kinos ist etwas Besonderes – auch das Programm. Ralf Helmreich, der das Haus von seinen Eltern übernommen hat, ist selbst Cineast und setzt bei seinem Programm auf Filmkunst. Wenn du also mal wieder Kino im besten Sinne erleben möchtest, dann nimm die S1 raus ins Neckartal und lass dich von Filmen verzaubern, die mehr sind als reines Popcorn-Futter. Obwohl es das natürlich auch gibt! Der Big Kahuna Burger aus »Pulp Fiction« wird allerdings in Wahl's Lokal, der gemütlichen Kneipe im Haus, nicht serviert. Dafür aber – neben Maultaschen oder Wiener Schnitzel – der Levanteburger mit Hummus. Erinnert an »Crossing the Bridge« von Fatih Akin. Und schon bist du wieder im Artkino-Kosmos der *Kinothek Stuttgart*.

INSIDER-TIPP
Kino, kulinarisch

Mit Filmen im Originalton tut sich die Kinothek laut Ralf Helmreich ein wenig schwer. Wenn du darauf stehst, dann ist Vaihingen dein Ziel. Im *Corso* wird auf englisch geschaut, hier stellt sich 007 immer nur so vor: »The name's Bond. James Bond«.

5 **Kinothek Stuttgart • Asangstr. 15, 70329 Stuttgart • kinothek-stuttgart.com**

6 **Corso Vaihingen • Hauptstr. 6, 70563 Stuttgart • corso-kino.com**

Kunst mit Quiche Auf einen Snack in die Fotogalerie

→ **Lust auf moderne Kunst? Ab in die Galerie Kernweine**

→ **Reinspicken geht schon von außen**

INSIDER-TIPP
Für Frühstücks-Fans

An der Bar, an der Bar, warum stehen die da? Natürlich, um etwas zu trinken. Oder um die Kunst auf sich wirken zu lassen? Wahrscheinlich beides. Kern der *Galerie Kernweine* ist nämlich die Cafébar. Dorthin kommst du über den Hinterhof des Gebäudes, Ecke Tübinger-/Cotta-Straße: Einfach dem schwarzen Punkt folgen, der sich auch im weiteren Auftritt wiederfindet. Von der Bar aus kannst du schon einige der Exponate der aktuellen Ausstellung betrachten. Und du kannst von hier den Rundgang durch die vier Räume starten. Dort erwartet dich zeitgenössische Kunst in Fotografie und visuellen Medien aus einem ungewohnten Blickwinkel, einer anderen Sichtweise oder ergänzt mit neuen Formaten. Spannende Ein- und Ausblicke also, die du tagsüber in Ruhe betrachten oder abends gebührend feiern kannst: bei Kaffee und Kuchen oder bei Limo und Snacks wie Sandwiches oder Quiches. Abends wird der Ort zur Bar, Freitag- und Samstagabend kann's bei dem einen oder anderen Drink auch spät werden … Dafür gibt es am Wochenende dann Kunstgenuss und Waffeln zum (späten) Frühstück. Hast du schon den Hauswein probiert? Der stammt nämlich vom Weingut Wilhelm Kern aus dem Remstal, das in den Räumlichkeiten der Galerie früher seine Kelter hatte, daher auch der Name.

Im Shop kannst du neben Fotobüchern, Magazinen und limitierten Foto-Editionen auch Caps, Taschen oder Becher als handgemachte Unikate kaufen. Lust auf selbst gemachte Kunst bekommen? Dann machst du einfach einen Workshop in Fotografie oder visueller Kunst. Alles ganz entspannt.

7 **Galerie Kernweine • Cottastr. 4–6, 70178 Stuttgart • galerie-kernweine.com**

KERN WEINE
GALERIE KERNWEINE
GALERIE KERNWEINE
g—k
↑ Café / Bar
Mo—Fr:
8h—till late
Sa & So:
9.30h—till late

Erste Sahne, wenig Kohle Klassikkonzerte für alle

Eine Konzertkarte kann schon mal ein Loch in den Geldbeutel reißen. Na gut, was nichts kostet, ist bekanntlich nichts wert, und Kultur hat ihren Preis. Etwas anders gestaltet sich die Lage an der *Staatlichen Hochschule für Musik und Darstellende Kunst (HDMK) Stuttgart*. Hier erlebst du 1-A-Darbietungen von aufstrebenden Künstlern, ohne tief in die Tasche greifen zu müssen. Hin und wieder ist bei den hochkarätigen Studierenden-Konzerten von den Instrumental- und Gesangsklassen der Eintritt frei. Und falls nicht, sind die Eintrittspreise meist günstiger als der Mittagstisch beim Italiener um die Ecke. Die Live-Darbietungen finden häufig in der Hochschule, teils auch auf externen Bühnen oder im Sommer unter freiem Himmel statt.

Große Kultur für kleine Racker gibt's bei den Sitzkissenkonzerten in der *Stuttgarter Oper* – zwar nicht gratis, aber zu mehr als akzeptablen Preisen. In gemütlichen Kissen-Reihen am Boden, vor einer provisorischen Bühne im Foyer III. Rang, erleben kleine Konzertbesucher mit ihren Begleitern Künstler aus dem Staatsorchester hautnah, dazu fantastische Geschichten für Kinder von etwa 3 bis 6 Jahren, z. B. von kochenden Wölfen, musikalischen Mäusen und mutigen Stachelschweinen. Lass die Kleinen nicht die themenbezogene Bastelrunde ca. 30 Minuten vor dem Beginn des Musiktheaters verpassen! Im Anschluss dürfen die Besucher Musikinstrumente hinter der Bühne selbst ausprobieren.

← Bei den Sitzkissenkonzerten bist du ganz nah dran an den Künstlern der Stuttgarter Oper

INSIDER-TIPP
Basteln in der Oper

8 **Staatliche Hochschule für Musik und Darstellende Kunst Stuttgart • Urbanstr. 25, 70182 Stuttgart • hmdk-stuttgart.de/veranstaltungen/veranstaltungskalender**

9 **Staatsoper Stuttgart • Oberer Schlossgarten 6, 70173 Stuttgart • staatsoper-stuttgart.de/join**

Des isch der Knaller Wortakrobatik auf Schwäbisch

→ **Kreative Texte, lockere Stimmung – der Poetry Slam in der Rosenau**

→ **Schön schräge Geschichten gibt's bei den get shorties zu hören**

Mir kennet älles, außer – Poetry Slam auf Hochdeutsch. Ne, Quatsch, können wir natürlich auch, aber wer ein Ticket für den Dialekt Slam hat, kann mal seine Ohren auf Wanderschaft schicken zwischen Ravensburg, Überlingen und dem Kessel. Im Sommer ist der Dialekt-Battle, bei dem's auch mal sächsisch, badisch oder fränkisch zugehen kann, im Weingut Zaißerei am Neckarufer zu Gast. Da werden dann zum schwäbischen Geschwätz auch noch schwäbische Leckerli und schwäbischer Wein serviert. Proscht!

Organisiert wird das Ganze vom *Stuttgarter Poetry Slam*: In der Rosenau steigt der Ur-Slam, der erste in der Stadt. Sieben Minuten wird jeweils geslammt, am Ende bestimmt das Publikum mit seinem Applaus, wer von den zehn Wort-Akrobaten die Dichterschlacht gewinnt, das heißt: auf wen es rote Rosen regnet! Das Beste: Neben Lokalmatadoren und Text-Talenten kann jeder mitmachen, der sich auf eine Bühne traut – der Text muss nur selbst verfasst sein. Und, bist du dabei? Falls eher lieber doch nicht, weil überhaupt, dann schau auf der Website vorbei. Vielleicht passt ja die »Dead or Alive«-Reihe. Oder der Erotik Slam.

Und wenn du einfach nur anregende und schräge, alltagskomische und hintergründige Kurzgeschichten hören willst: Komm zur *get shorties Lesebühne*, der ältesten Lesebühne Süddeutschlands, regelmäßig in der und um die Landeshauptstadt unterwegs – auch an ungewöhnlichen Orten: auf Kleinkunstbühnen oder im Lapidarium, auf dem Laufsteg oder in der Sauna. Da gewinnen alle, die Spaß haben.

INSIDER-TIPP
Lesung in der Sauna

10 **Stuttgarter Poetry Slam • an verschiedenen Orten in Stuttgart • stuttgarterpoetryslam.de**

11 **get shorties Lesebühne • Kurzgeschichten-Lesungen mit Livemusik an diversen Orten in Stuttgart und Umgebung • maringoverlag.de**

©JEROO

Ran an die Wand
Kunstwerke aus der Sprühdose

Hand auf die Sprühdose, fertig, los. Ist das Kunst? Im Zweifelsfall ja. Natürlich nicht, wenn es bloße Schmiererei ist. Aber eine Schmiererei ist ja auch eine Schmiererei und kein Graffito. Selbst die schillerndsten Graffiti wiederum können eine Verschandelung des öffentlichen Raums sein, nämlich dann, wenn sie irgendwo angebracht sind, wo sie nicht hingehören. Alles recht kompliziert also, deshalb hat es der Begriff Graffiti auch schwer, sein Schmuddelimage loszuwerden. Stuttgart bietet Street-Art- und Graffiti-Künstlern aber Plätze, um sich ganz legal auszutoben: In Bad Cannstatt unter der König-Karl-Brücke befindet sich die größte *Hall of Fame* Baden-Württembergs. Hier dürfen alle sprühen, was das Zeug hält, aber bitte nur an den freigegebenen Flächen. Falls du unsicher bist: Bei Graffiti Stuttgart *(graffiti-stuttgart.de)* lernst du in einem Workshop die Grundlagen des (künstlerischen) Sprayens. Zwei Tage sind dir zu lang? Beim Action Day stehen dir die Profis von Graffiti Stuttgart zur Seite. Also, trau dich. Bansky lässt grüßen. Wahrscheinlich ist nicht einmal er als Meister vom Himmel gefallen. Hol dir deine Dosen am besten in einem der größten Graffiti-Stores Deutschlands, und zwar in der Ossietzkystr. 8.

Willst du nur gucken und nicht sprayen, dann mach dich auf zur Street-Art-Expedition durch die Stadt – denn auch im braven Stuttgart sind in den letzten Jahren ein paar schöne Murals auf Wänden aufgetaucht. Unverwechselbar sind die fantastischen Bilder von Jeroo an Brückenpfeilern unter der B14 in Südheim und an der Hasenbergsteige. Noch mehr Street-Art gibt's an der Paulinenbrücke, am Marien- und Rotebühlplatz oder auf Instagram unter #streetartstuttgart.

← Erkennt man gleich: die farbenprächtigen Graffiti von Jeroo

← Bunt, bunter, am buntesten – die Hall of Fame gleich neben dem Cannstatter Wasen

INSIDER-TIPP
Vorbereitung ist alles

12 Hall of Fame Stuttgart Bad Cannstatt • Unter der König-Karl-Brücke, 70372 Stuttgart • Facebook: Hall of Fame Stuttgart

Jetzt wird's grün-bunt
Kunst & Kultur am Güterbahnhof

Eine Insel, zwar ohne Berge, dafür aber mit einem urbanen Garten namens »Inselgrün«, einem alten Eisenbahnwaggon, einem Biergarten, einem Künstlercafé und ganz viel mehr zu entdecken. Ein Besuch des Eilands auf dem ehemaligen Güterbahnhof in Bad Cannstatt eröffnet dir eine seltene Perspektive auf die Stadt. Die »multikulturelle Oase« inmitten des neu entstehenden Wohnquartiers Neckarpark trotzt dem staubigen Grau drumherum und bildet eine lebendige Keimzelle von Kunst, Kultur und

↓ Musik, Kunst und mehr – die Kulturinsel ist vielfältig

Freiraum für jede und jeden. Auf dem einstigen Zollamt-Areal geht definitiv einiges: Live-Konzerte, Lesungen, Kunstausstellungen und andere (Sub-)Kulturevents, auch Yogakurse, Breakdance und Kräuterführungen, ein Familiensonntag im Biergarten oder Chillen im Künstlercafé. Im Vordergrund stehen für das gemeinnützige Projekt immer die Begegnung und Vernetzung aller mit allen – egal welcher Herkunft oder mit welchem Hintergrund. Auch im Schwabenland ist jeder Jeck anders, und genau dieses Anderssein ist auf der *Kulturinsel Stuttgart* erwünscht und bildet ein erfrischendes Miteinander zwischen Hobby-Gärtnern, Künstlern, Veranstaltern, Dauer-Insulanern und spontanen Besuchern der grünen Oase. Komm einfach vorbei, misch dich unters Volk und schau, was dich erwartet. Oder wirf vorher einen Blick ins Insel-Programm auf der Website.

13 **Kulturinsel Stuttgart • Güterstr. 4, 70372 Stuttgart • kulturinsel-stuttgart.org**

Privataudienz bei Ursus Originelle Führungen im Museum

→ **Leuchtfeuer der Kreativität: das Kunstmuseum Stuttgart**

→ **Kindern wird's hier definitiv nicht langweilig**

Du kennst den kleinen Ursus noch nicht? Na, dann aber los. Der pausbäckige Bengel mit seinem bunten Kreisel empfängt liebend gerne Besucher und lässt sich bewundern – im *Kunstmuseum* Stuttgart als Teil einer der bedeutendsten Otto-Dix-Sammlungen weltweit. Wenn du es irgendwie mit Kunst hast und meinst, Kunst sei zum Erleben da, bist du hier an der goldrichtigen Adresse. Schließlich wurde das Haus zum »Museum des Jahres 2021« gewählt. Keine Angst also vor einschläfernden Führungen, hier geht's bei der »Kunstvermittlung« richtig zur Sache, für Große und Kleine, Einzelne oder Gruppen, Aktive und Theoretiker.

Immer wieder samstags kannst du bei der Sammlungsführung u. a. den kleinen Ursus und seine Dix-Kumpanen besuchen, und die Ausstellungsführungen lassen die Werke aktueller Sonderausstellungen lebendig werden. Wenn es für dich ein bisschen exklusiver sein darf, erlebst du bei »Betrachtungen: Prominente erklären Kunst«, was Stuttgarter Promis zu einzelnen Exponaten zu sagen haben. Kunst-, aber nicht mehr so ganz gehfit? Im »Kunstgespräch für Senior:innen« gibt's zur Kunst bequeme Hocker. Feine Kunsthäppchen mit echtem Lunchpaket zur Mittagszeit werden bei »Malzeit« serviert, und ans eingemachte Künstlergedankengut wagt sich die Aktion »Philosophieren mit Bildern«. Das ist alles? Nein, noch lange nicht. Es gibt auch noch Restauratorenführungen, »Backstage«-Einblicke, eine »Architektour« und allerlei für Familien in Begleitung von kleinen Kunst-Rackern.

INSIDER-TIPP
Für den Kunsthunger

14 **Kunstmuseum • Kleiner Schlossplatz 1, 70173 Stuttgart • kunstmuseum-stuttgart.de/kunstvermittlung**

Abgefahren

Einmal durch die Parkhausgalerie

Mit dem Auto nach Stuttgart, das ist eher so eine mittelgute Idee. Nur nicht im Züblin-Parkhaus. Erst bei der Einfahrt beim Kassenautomaten den Flyer mitnehmen, dann den QR-Code scannen (den du auch auf jeder Etage findest) – und dich anschließend per Podcast durch die Parkgarage führen lassen, vorbei an den großformatigen Fotoplakaten an den Wänden. So schraubst du dich durch die Drive-Through-Galerie hoch bis zum obersten offenen Parkdeck und betrachtest dabei in Ruhe die zeitgenössische Fotokunst. »Fumes and perfumes« heißt die Ausstellungsreihe, mit der die Fotografengruppe um Frank Bayh & Steff Ochs, Monica Menez, Peter Franck, Yves Noir und Bernd Kemmerer mit weiteren Künstlerkollegen den ungewöhnlichen Ort bespielt. Da entfalten die Fotoplakate und die Motive auf den unebenen Wänden und in der nüchtern-zweckmäßigen Umgebung ihren ganz eigenen Charme sowie eine starke Bildwirkung. Am Ende kommst du ohne Wendemanöver automatisch wieder zum Ausgang. Das dauert etwa eine halbe Stunde, im Schritttempo. Ach ja: Du kannst natürlich auch gleich zu Fuß durchlaufen. Das ganze Jahr über ist die *Galerie im Züblin-Parkhaus* von 6 bis 22 Uhr frei zugänglich – auch ohne Parkschein. Es sei denn, du parkst dort. Wie auch immer: Hol dir am Kultur Kiosk *(kultur-kiosk.de)* etwas zu trinken und zu essen – und plaudere mit Kunstvermittlerin Sara Dahme, nachdem du dir die wechselnden Kunstausstellungen im »Kiosk« angeschaut hast.

← Stuttgarts Drive-in-Galerie … im Züblin-Parkhaus

INSIDER-TIPP
Kunst-Drive-in

15 **Galerie im Züblin-Parkhaus • Lazarettstr. 5, 70182 Stuttgart • fumesandperfumes.de**

Mit Puppen und Trompeten Das besondere Figurentheater

→ »Alice – Lost in Cyberland« (oben) und »Was die Wände verraten« (unten): fantastisches Figurentheater im FITZ

Stell dir vor, du gehst in ein Figurentheater. Was erwartest du? Klar, das gute, alte Kasperle und seine Kumpane, die sich als Puppen durch bunte Kulissen bewegen. Du reihst dich also im Stuttgarter *FITZ, dem Zentrum für Figurentheater*, irgendwo zwischen den anderen Besuchern ein, nimmst auf einem der blauen Klappsessel Platz und wartest ab. Es wird dunkel, und die erwartungsvolle Spannung legt sich packend über das Publikum. Endlich öffnet sich der Vorhang und – Huch! – von klassischen Marionetten und Puppen keine Spur, dafür gibt's Figuren aus Kakteen und anderen Materialien wie etwa ausgelatschten Lederschuhen, dazu zwei schrill kostümierte Damen, die die Kaktuspuppen zum Leben erwecken.

Bring auf jeden Fall ein Häppchen Abenteuergeist mit, wenn du ins FITZ gehst, zumindest beim Abendprogramm für Erwachsene. Junge, freie Ensembles präsentieren hier ihre Kunst, aus einer Zeit, in der praktisch alles geht. Da kann dann schon mal eine Kopfschmerztablette die Hauptfigur spielen, die Frage »Gurke oder Kaktus?« den Kern des Geschehens bilden oder Schauspieler aus Fleisch und Blut mit einer digitalen Performance verschwimmen. Kinder kriegen es im Vormittags- und Nachmittagsprogramm altersgemäß mit zauberhaften Identifikationsfiguren zu tun, am Abend erwartet dich dagegen ziemlich sicher etwas, das aus der Reihe tanzt. Vorher oder nachher kannst du in der kleinen, feinen Caffè-Bar gleich nebenan einen der besten Espressi der Stadt genießen.

INSIDER-TIPP
Caffè vom Feinsten

16 **FITZ! Zentrum für Figurentheater • Kulturareal »Unterm Turm«, Eberhardstr. 61, 70173 Stuttgart • fitz-stuttgart.de**

Für mich sind die
einzigen glaubwürdigen
Gewissheiten solche, die
jeden Morgen Zweifel
f
Wochenende

Humane Hosen kaufen Faire Mode made in Stuttgart

Nur noch kurz die Welt retten. Haben sich die Stuttgarter Nathalie und Simon Schaller vorgenommen. Denn Fashion kann mehr, neben fancy oder vintage, recycelt oder öko geht auch fair. Mit dem heimischen Modelabel *eyd*, den Lautzeichen fürs englische »aid«, unterstützen sie in Indien Frauen »mit einer dunklen Vergangenheit«. In ihrer fairen Textilfabrik erhalten die aus Menschenhandel und Ausbeutung befreiten Frauen neben Therapie und Schulbildung eine richtige Ausbildung zur Näherin – und eine Zukunft. In mehreren Stuttgarter Stores bekommst du die vegane Mode des Labels, das von Recyclingpapier bis Ökostrom auf nachhaltiges Handeln setzt. Noch etwas: In jedem Kleidungsstück findest du den Stempelabdruck der Näherin, ein Blumensymbol – und zu jedem dieser Symbole gehört ihre besondere Lebensgeschichte. Schau auf der Homepage nach!

Ressourcen und Umwelt schonen ist auch das Anliegen von *Wiederbelebt*: Tonnenweise Stoffe werden jedes Jahr überproduziert und weggeworfen. Sarah Kürten und Oguzhan Deniz kaufen solche hochwertigen Stoffe auf und verarbeiten sie in ihrem Atelier zu zeitlosen Design-Stücken in kleiner Auflage, langlebig und Modetrend-unabhängig. Kaufen kannst du die guten Stücke im Wiederbelebt-Store am Rand des Bohnenviertels. Hier kannst du sogar den Näherinnen und Nähern bei der Arbeit zuschauen.

← Beim Studio-Verkauf von eyd kannst du Specials wie Musterteile ergattern

← Die Köpfe des Labels: das eyd-Team aus dem Stuttgarter Osten

INSIDER-TIPP

Mode ganz persönlich

17 **eyd – empower your dressmaker • eyd-clothing.com • zu kaufen u. a. bei Glore Stuttgart (Eberhardstr. 10, 70173 Stuttgart) und Greenality (Friedrichstr. 39, 70174 Stuttgart)**

18 **Wiederbelebt • Esslinger Str. 14, 70182 Stuttgart • wiederbelebt.de**

Und: Action! Auf dem Wasser, zu Lande oder in der Luft. Ob kleine Mutprobe, sportliche Spitzenleistung oder einfach mal aufs Spaßpedal treten: Tob dich aus, sei wild, und zeig, was in dir steckt!

Die wilde Seite

Gas geben und Spaß haben von sportlich bis mutig

Bis nach Holland? Paddeln auf dem Neckar

→ **Der Einstieg zur Kanutour ist in Remseck**

→ **Auf der Rems wird gemütlich gepaddelt**

INSIDER-TIPP
Paddel-Pause

Hoppla, jetzt bloß nicht seekrank werden. Wer mit dem Kanu auf dem Neckar unterwegs ist, muss auch immer einen Blick auf den Schiffsverkehr haben. Schließlich ist der Fluss eine, jetzt wird's amtlich, Bundeswasserstraße. Und wenn einer der Lastkähne vorbeizieht, flussaufwärts auf dem Weg in den Stuttgarter Hafen (ja, den gibt's) oder flussabwärts Richtung Rhein, Holland und ans große weite Meer, dann schlägt der Neckar schon mal Wellen. Aber keine Sorge, beim Kanuverleih der *»Zugvögel«* in Remseck bekommt ihr neben Kanu und Paddel, Schwimmwesten und Packsäcken eine Einweisung in die Technik und den entsprechenden Streckenabschnitt. Ihr habt die Wahl: Paddelt ihr lieber vorbei am Neckarstrand bis zur Mündung der Rems – oder flussabwärts in Richtung Neckarbiotop Zugwiesen und zurück zur Einstiegsstelle? Keine Angst: Beide Rundtouren sind auch für Anfänger super geeignet, da die Strömung in den Abschnitten nur sehr gering ist. Nach der Tour könnt ihr am Neckarstrand picknicken oder die Grillstelle an der Verleihstation nutzen.

Ihr könnt aber auch einen Ausflug nach Ludwigsburg unternehmen. Dann paddelt ihr rund drei Stunden flussabwärts, macht nach Lust und Laune Halt am Neckarbiotop Zugwiesen. Mit Hilfe der Bootswagen umrollt ihr die Schiffsschleuse Poppenweiler und während ihr gemächlich nach Ludwigsburg einpaddelt, ziehen imposante Felsen, steile Terrassenweinberge und Streuobstwiesen nochmal an euren inneren Augen vorbei ... Kanutouren könnt ihr auch von Bietigheim-Bissingen aus auf der idyllischen Enz unternehmen oder ihr könnt von Weinstadt-Endersbach 5 km beschaulich auf der Rems bis ins Stadtzentrum von Waiblingen paddeln.

1 **Die Zugvögel • Verleihstationen u. a. in Remseck am Neckar, Bietigheim und Weinstadt-Endersbach • diezugvoegel.de**

S-1025 V
S-1025V
S-1101 V

www.diezugvoegel.de

Kesselsafari Wo Stuttgarts wilde Papageien wohnen

Alles beginnt wie im Märchen. Denn es war einmal ein Papagei, der fand aus einem Stuttgarter Käfig hinaus den Weg in die Freiheit. Die war zwar schön, aber auch ein bisschen einsam. Weshalb die Gelbkopfamazone, denn um eine solche handelte es sich, neugierig immer wieder die Wilhelma anflog – auf der Suche nach Futter und nach Gesellschaft. Einfangen ließ sie sich nicht, doch Unbekannte »schenkten« der einsamen Amazone einen Partner. Die beiden fanden sich und lebten glücklich bis an ihr Ende. Aber natürlich nicht, ohne viele kleine Gelbkopfamazonen auszubrüten.

Diese Geschichte ereignete sich – so oder so ähnlich – Mitte der 1980er-Jahre. Inzwischen fühlen sich rund 60 *wilde Papageien* im Talkessel heimisch. Eine solch stabile Population außerhalb von Zentral- und Südamerika gibt's weltweit kein zweites Mal – weshalb du auf jeden Fall mal gucken gehen solltest! Als Lebensmittelpunkt haben die grün-gelb-rot gefiederten Neubürger Bad Cannstatt gewählt. Besonders im Winterhalbjahr ist es ein einmaliges Schauspiel, wenn die exotischen Vögel – heißt die Große Gelbkopfamazone hier jetzt eigentlich Schwäbische Gelbkopfamazone? – während der Dämmerung ihre Schlafbäume in der König-Karl-Straße anfliegen und dabei ihr wildes Krächz-Konzert veranstalten. Kleine Amazonen kannst du mit viel Glück im späten Frühjahr in den teilweise sehr alten Platanen etwa auf der Allee neben den Zuggleisen im Unteren Schlossgarten erspähen. Aber bitte: Unbedingt zurückhaltend sein, die Vögel reagieren empfindlich auf Besucher, die allzu neugierig in ihre Wohnung starren. Da sind sie nicht anders als alle anderen Stuttgarter.

← Spitz die Ohren und halte Ausschau nach den fliegenden grünen Gesellen

INSIDER-TIPP

Was zum Gucken und Hören

2 Wilde Gelbkopfamazonen • Wilhelmsplatz, König-Karl-Str., Bad Cannstatt und Schlossgarten • stuttgarter-amazonen.de

Schnaufen und treten
Auf dem Radel-Thon rund um die Stadt

→ **Ob mit Mountainbike oder Tourenrad: Verfahren auf dem Radel-Thon is' nich'**

Hey, wir fliegen! Rechts der Neckar, links Kleingärten und Weinberge, die Fahrradreifen singen, so darf's weitergehen. Aber, liebes Tagebuch, wir wären nicht in Stuttgart, wenn nicht schon der nächste Aufstieg warten würde. Drüben, auf der anderen Flussseite taucht der Max-Eyth-See auf, ein bisschen grillen und chillen wär jetzt auch nicht schlecht. Wir haben jedoch noch fast die ganze Tour vor uns, das Päuschen muss warten. Und hoppla, da ist er ja schon, der erste Hügel, es geht hinauf, vorbei an Freibergs markanten Hochhäusern, in die Felder Richtung Zuffenhausen.

Etwas mehr als 80 km ist er lang, der *Radel-Thon*, und er führt einmal rund um Stuttgart, mal idyllisch still und grün, mal laut, trubelig und urban – intensiver kannst du die Vielfalt der Stadt nicht kennenlernen. Wer die Tour auf einmal bewältigt, ist einen Tag unterwegs und hat am Ziel um die 1000 Höhenmeter in den Beinen. Solltest du Lust auf diesen Tret-Marathon haben, dann wäre ein bisschen Training keine schlechte Idee. Aber, und das ist das Schöne am Stadt-Radeln, wenn dir die Puste ausgeht, ist die nächste S-Bahn-Haltestelle nie weit. Oder du teilst die Strecke gleich in Etappen auf. Den Radel-Thon fährt man übrigens am besten gegen den Uhrzeigersinn: Auf den (nicht immer ganz leicht auffindbaren) Schildern zeigt der schwarze Pfeil eben diese Richtung an, der rote steht für »mit dem Uhrzeigersinn«. Starten kann man an jeder beliebigen Stelle.

INSIDER-TIPP
Zeit zum Luft holen

An der Strecke liegt der *Katzenbacher Hof*, ein Stuttgarter Ausflugsklassiker und mit seinem großen, schattigen Biergarten die perfekte Pausenstation.

3 **Radel-Thon • Streckenkarte unter stuttgart.de oder auf komoot.de/tour/1550056**

4 **Katzenbacher Hof • Katzenbacher Hof 1, 70569 Stuttgart • katzenbacherhof.de**

Filderstadt 9,0
Plieningen 5,5
Birkach 1,5
Schönberg 1,0
3
S-Zentrum 6,0
Degerl.-Ortsmitte 2,0
Waldau 1,5
3
CANYON

Star-Trek-Feeling
Weltraumabenteuer im Planetarium

→ **Eine Mondfähre im Kessel? Stuttgarts Tor ins All: das Planetarium**

→ **Eine musikalische Reise mit Visuals und Effekten erlebst du beim »Tunesday«**

Der Weltraumbahnhof steht im Schlossgarten. Nein, der Umbau des guten alten Zughaltepunkts für Stuttgart 21 ist nicht gemeint. Lichtgeschwindigkeit ist nämlich eher ein Thema für Stuttgarts Planetarium, das du direkt neben der langsam zuwachsenden ICE-Grube findest. Der pyramidenförmige Bau im Look einer großen Mondlandefähre beamt seit Ende der 1970er schwäbische und nicht-schwäbische Astronauten ins All (die ersten starteten sogar schon 1928, damals noch gegenüber vom Bahnhof). So, und wenn du jetzt gedacht hast, du lehnst dich lässig im Sessel unter der Projektionskuppel zurück, um in die Galaxis abzuheben, dann liegst du so falsch wie eine Marssonde, die auf dem Jupiter gelandet ist. Beim *Kinetarium* heißt es nämlich: Smartphone raus und auf der riesigen Projektionskuppel durch den erdnahen Orbit manövrieren. Was aber bei Star Trek immer so leicht aussieht (»Warp 5, Energie!«), ist ganz schön knifflig: Die Erde wird nämlich von riesigen Mengen Schrott – kaputte Satelliten, alte Treibstofftanks und Raketenstufen – umkreist. Und dieser Müll ist dir ständig im Weg. Das Coolste bei diesem Game: Was du in der Kuppel siehst, kreist tatsächlich gerade über deinem Kopf. Und du zockst dir nicht allein einen Weg durch den Orbit, sondern mit bis zu 100 weiteren Kessel-Astronauten.

INSIDER-TIPP
Livemusik und Lichteffekte

Wer elektronische Musik liebt, trägt den »Tunesday« im Kalender ein: Immer dienstags verpassen Musiker aus Stuttgart und der Region ihren Beats im Sternensaal einen außerirdischen Look. Da zappeln sogar Captain Picard und Luke Skywalker mit …

5 **Kinetarium im Carl-Zeiss-Planetarium Stuttgart • Willy-Brandt-Str. 25, 70173 Stuttgart • planetarium-stuttgart.de**

Von allen guten Geistern verlassen

Auf Waldexpedition

Über die Klinge springen … Wieso fällt einem das spontan ein, wenn man den Fuß in die – Achtung, jetzt kommt's – Falsche Klinge setzt? Vielleicht, weil es plötzlich deutlich düsterer wird. Und nicht nur das, ist nicht auch die Temperatur gefallen? Man kann's gruselig sehen, aber auch ganz anders: Wenn der Kessel an heißen Sommertagen mal wieder ordentlich brodelt, dann ist ein Ausflug ins Grüne keine schlechte Idee. Wer die *Falsche Klinge* im Degerlocher Wald unterhalb des Fernsehturms betritt, ist gerade mal 4 km vom Stadtzentrum entfernt – und hat doch das Gefühl, als stünde er mitten in der Wildnis auf der Schwäbischen Alb. Seit Ewigkeiten hat sich der Tiefenbach hier in den Hang gefräst und hohe Erdwälle geschaffen, die sich über schwarze Felsen und umgestürzte Bäume beugen. Das leicht paranoide Gefühl der Enge (ups, du weißt ja noch gar nicht, dass hier hingerichtete Mörder verscharrt worden sein sollen) endet am kleinen Tiefenbachsee. Und der ist so idyllisch, dass du endgültig glaubst, die Geister der Falschen Klinge hätten die Stadt verschwinden lassen.

Wer eine Wander-App auf seinem Handy hat, kann jetzt noch stundenlang durch den Wald oberhalb von Rohracker streifen. Es gibt nämlich noch die Fuchsklinge, die Dürbachklinge und … na ja, Waldabenteuer pur jedenfalls (zumindest dann, wenn der Wander- kein Sonntag ist). Und jetzt, Lust auf Aussicht? Dann stapf die 3 km hinüber zu *Tante Blanka*. Die Höhengaststätte Neckarblick macht ihrem Namen alle Ehre – und du kannst deine Energiespeicher lecker wieder auffüllen.

← Den Gruselnebel musst du dir vorstellen: Am Ende der Falschen Klinge wartet der idyllische Tiefenbachsee

INSIDER-TIPP
Panorama-Pause

6 Falsche Klinge • 500 m von der Haltestelle Ruhbank entfernt

7 Tante Blanka – Höhengaststätte Neckarblick • Im Schleifrain 1, 70327 Stuttgart • tante-blanka-hoehengaststaette-neckarblick.eatbu.com

Zeitreise in der Wurfbude Jahrmarkt wie anno dazumal

→ **Lust auf eine Runde Zeitreise-Karussell im Eliszis Jahrmarktstheater?**

INSIDER-TIPP
Traumhaftes Zirkusflair

Ran an die Bälle und runter mit den Hüten, denn es ist Jahrmarkt! Und Zeitreise noch dazu! Von 1880 ist die Hutwurfbude nämlich, in der du die Chance auf freie Preis-Auswahl hast. Du musst einfach nur mit fünf Bällen fünf Hüte abwerfen. Einfach? Ha! Die ernst dreinblickenden, auf und ab wippenden Herren versuchen alles, um dich aus der Ruhe zu bringen. Als der Schausteller Uwe Kircher sie auf einem eingestaubten Dachboden gefunden hat, war ihm sofort klar: Diese Herren sind perfekt für *Eliszis Jahrmarktstheater* auf dem Killesberg.

Seit 1995 gastiert das Spektakel mit originalen Fahrgeschäften und Buden aus Großmutters Zeiten im Höhenpark. Alles begann damit, dass das Kasperletheater von Clownin Eliszi Böhm, der Frau von Uwe Kircher, ein Dach überm Kopf brauchte. Aus einem alten Zirkuswagen baute ihr Mann ein kleines Theater. Später wurde der Theaterwagen durch ein historisches Spiegelzelt ersetzt, in dem Eliszi bis heute nicht nur die Kasperlepuppen tanzen lässt: Gemeinsam mit ihrem Sohn Nino begeistert sie als Clown-Duo, das bunte Programm bietet Akrobatik-Shows, Film-Vorführungen, Tanzabende und Märchenhaftes und Zirkusreifes vor allem für Klein, aber auch für Groß. Besonders atmosphärisch sind Veranstaltungen wie das alljährliche Liedermacherfestival Vive la Vie. Außerhalb des Zeltes findet der eigentliche Rummel statt – mit Waffelbäckerei, Pferdekarussell, Schiffschaukel, Schwanenflieger und natürlich den fliegenden Hüten. Eliszi & Co. erlebst du allerdings nur in den Sommermonaten, ab Ende Oktober dürfen die historischen Holzpferdchen und die fünf Herren mit den fünf Hüten in den Winterschlaf sinken. Um dann im Frühjahr, gut gepflegt und frohen Mutes, wieder zum nostalgischen Jahrmarktsvergnügen aufzuspielen.

8 **Eliszis Jahrmarktstheater • Im Höhenpark Killesberg, 70192 Stuttgart • eliszis.de**

Rendezvous mit der Geisterfrau Gruselige Stadtführungen

→ **Was lauert da bloß hinter der Ecke? Auf den schaurigen Stadtführungen der Stuttgarter Geister erfährst du's**

Das wilde Geisterheer tobt durch die Luft! An düsteren Herbst- und Winterabenden kannst du es fast hören, das Kettenrasseln, Hufgetrappel, Gespenstergeheule des Muotesheers, wie die wilde Jagd im Schwäbischen heißt. Ein kalter Schauer läuft dir den Rücken runter, so plastisch und lebendig erzählen die Guides ihre Sagen und Gespenstergeschichten auf den Geistertouren durch die Innenstadt. Doch um den Grusel allein geht's nicht. Anette Ladovic, die Initiatorin der *Stuttgarter Geister*, die 2022 ihr zehnjähriges Jubiläum feiern, legt vor allem auf eines Wert – das Einbinden der unheimlichen Erzählungen in die Stadtgeschichte. »Dass Stuttgarter das Muotesheer gehört haben«, erzählt sie, die auch selbst standesgemäß im schwarzen Habit samt langem Spazierstock durch die Nacht führt, »ist überliefert – sie haben den Lärm bei der Nachtwache gemeldet.« Doch dann kam die Auflösung: Ein reicher Bürger hatte zum Fest geladen und die Gäste in fackelbeleuchteten Kutschen nach Hause geschickt. »Und die braven Stuttgarter dachten, das Ende der Welt sei nah.«

Wenn du mit den Stuttgarter Geistern durch die Stadt streifst, begegnest du kopflosen Reitern, finsteren Mönchen, untoten ermordeten Beamten und jener unheimlichen Frau, die im Hof des ehemaligen Waisenhauses am Charlottenplatz verzweifelt nach ihrem Kind ruft. Selbst Einheimischen eröffnen die Altstadtgeister- und die Bachgeister-Tour, die dem Verlauf des Nesenbachs folgt, neue Perspektiven auf die Heimatstadt. Freuen kann man sich aufs neueste Thema, das Anette Ladovic 2022 anbieten will: eine Hexen-Tour. Und wer's so richtig gruselig mag, geht mit auf die Waldgeister-Tour im Buchwald. Der furchterregende Hund mit dem blutverschmierten Fell wartet schon …

INSIDER-TIPP
Im Schauerwald

9 **Stuttgarter Geister • Treffpunkt: am Rathaus, Ecke Hirschstr./Marktplatz, 70173 Stuttgart • stuttgarter-geister.de**

Am Fruchtkasten

D-EVIT

Aus den Wolken fallen
Stuttgart im Sturzflug

Hast du Lust, die Stadt mal von oben zu betrachten, also von ganz oben? Kein Problem, die Möglichkeit bietet dir *Skydive Stuttgart* bei einem Tandem-Fallschirmsprung. Ist übrigens gar nicht schwierig. Du musst einfach nur im richtigen Moment einen Schritt vorwärts machen (durch die geöffnete Flugzeugtüre auf einer Höhe von 4000 m über dem schwäbischen Erdboden), der Rest geht von ganz allein. Aber keine Angst, beim Tandemsprung ist noch jemand dabei, der weiß, was er tut, und im Idealfall (kleiner Scherz am Rande) zum passenden Zeitpunkt an der Leine zieht, damit sich der Schirm öffnet. Verpasse übrigens nicht vor lauter Aufregung die herrliche Aussicht beim etwa fünfzehnminütigen Steigflug in der Mini-Maschine. Nachdem du der Cessna und dem Piloten Ade gesagt und den Sprung in die Tiefe gewagt hast, befindest du dich ca. 50 Sekunden lang im freien Fall. Es wird der Adrenalinkick deines Lebens sein, während du in wenigen Sekunden auf eine Fallgeschwindigkeit von 200 km pro Sekunde beschleunigst und auf die Erde zurast. Der Fahrtwind brüllt, du befindest dich in einem rauschenden Nichts. Irgendwann ploppt dann der Fallschirm über dir auf und bremst dich und deinen Begleiter auf eine gemütliche Gleit-Geschwindigkeit herunter. Die verbleibenden fünf Minuten verbringst du damit, den irren, ungefilterten 360-Grad-Blick über Städte, Baumwipfel, Dächer und Häuser unter dir zu genießen. Die kleine Einweisung vor deinem Absprung dauert übrigens nur zehn Minuten.

Wenn du mal eine andere Art von Fliegen ausprobieren willst, dann buch bei *SimInn* ein Ticket für den Flugsimulator. In den Original-Cockpits einer Boeing 737 oder einer Cessna 172 ist die Illusion, am Himmel unterwegs zu sein, dank HD-Projektion perfekt.

INSIDER-TIPP
Panorama für Mutige

← Kleiner Schritt, großer Mut: Fallschirmspringer im schwäbischen Luftraum

← Weniger Mut braucht's im Flugsimulator – macht aber genauso viel Spaß

10 **Skydive Stuttgart (Blue Sky Adventures) • Flugplatz Weckrieden, Hangar 6/3, 74523 Schwäbisch Hall • skydive-stuttgart.de**

11 **SimInn Flugsimulator • Liesel-Bach-Str. 10, 71034 Böblingen • siminn.de**

Mein Schatz!
Sightseeingtour als Schnitzeljagd

→ **Wo geht's lang?! Die Geocaching-App leitet dich**

Pass bloß auf die »Muggels« auf. Wenn du jetzt weißt, was gemeint ist, dann warst du schon mal *Geocachen*. Für alle anderen: Auf der Suche nach versteckten Schätzen, deren Spuren du über eine Geocaching-App (z. B. *geocaching.com*) folgen kannst, lernst du Stuttgart auf ganz besondere Weise kennen. Schlossplatz, Staatsgalerie, Eugenstaffel, vorbei an alten und neuen Häusern, treppab und meistens treppauf, und am Ende der Anblick des prächtigen Galateabrunnens am Eugensplatz, die Nymphe bewundert die Aussicht schon seit 1890. »Brunnencache – Galateabrunnen«, so heißt auch der Geocache: Den klickst du in der App an und über die GPS-Daten wirst du geleitet, und zwar zu jenem Bereich, in dem du suchen musst. Dazu bekommst du weitere Informationen zum Ort. Dass es nämlich drei gute Gründe gibt, diesen Ort aufzusuchen: eine der besten Aussichten in den Kessel, der wohl schönste Brunnen der Stadt – und ein leckeres Eis von der Pinguin-Eisdiele gegenüber! Ach ja, pass auf die »Muggels« auf, die dich nicht beim Suchen und Finden erwischen sollten. Ist schwierig in der Stadt, klar. Okay, dann mit deinem Eis weiter die Alexanderstraße entlang Richtung Sünderstaffel, zum nächsten versteckten Schatz. Jetzt liegen noch weitere Highlights auf dem Weg, der Blick von der Dobelstaffel etwa oder die Aussichtsplattform in der Bopseranlage. Genug gefunden – oder zumindest gesehen? Wenn nicht, auch nicht schlimm – der Weg ist bekanntlich das Ziel. Du kannst jetzt direkt mit der Stadtbahn von der Haltestelle »Bopser« zurück zum Schlossplatz fahren. Oder noch ein paar Stäffele abwärts laufen, es gibt ja genug ...

INSIDER-TIPP
Drei auf einen Streich

12 **Geocaching • alle Caches in der App, z. B. geocaching.com, oder über Geo Games – Geocaching Stuttgart (geo-games.de)**

Hangeln am Fernsehturm Kletterabenteuer im Wald

Dass 4 m so hoch sein können, wer hätt's gedacht. Da muss man doch gleich ein-, zweimal schlucken, bevor man gut gesichert in die Höhe geht. Im einzigen Waldklettergarten auf Stuttgarter Stadtgebiet steigst du, wenn du's dir richtig geben willst, bis in die Baumwipfel hinauf. Witzig ist, dass die Parcours nach bekannten und markanten Stuttgarter Plätzen benannt sind. Acht verschiedene sind es im *Waldklettergarten Zuffenhausen*, mit über 80 ganz unterschiedlichen Kletterelementen. Wer's wissen will, nimmt gleich »Killesberg« oder »Fernsehturm«, bei 11 m Maximalhöhe solltest du besser schwindelfrei sein … Die echten Cracks nehmen die »Zacke« oder die »Stäffele«, die verlaufen zwar nur in 7 und 8 m Höhe – haben es aber in sich, da musst du dich schon ordentlich strecken. Danach heißt es in jedem Fall: Der innere Schweinehund liegt ziemlich kleinlaut in der Ecke und der Höhenangst hast du längst ade gesagt. Klar, dass du eine professionelle Einweisung bekommst und durchgängig gesichert bist. In der Gaststätte Waldheim kannst du dich danach stärken oder selbst in der Nähe an öffentlichen Grillplätzen brutzeln.

Bei Bewegungsdrang in der Vertikalen und schlechtem Wetter – miese Kombination! – weichst du einfach nach Degerloch aus: Im *Kletterzentrum des Deutschen Alpenvereins (DAV)* auf der Waldau kannst du im Sommer und im Winter die Wände hochgehen, mit Seil und Gurt bis 16 m hoch. Für Neulinge ist das »Schnupperklettern« ideal!

← Steck den Kopf ins Grüne – und zwar ganz oben im Waldklettergarten Zuffenhausen

INSIDER-TIPP
Luftiges Testen

13 **Waldklettergarten Zuffenhausen • Hirschsprungallee 5, 70435 Stuttgart • waldklettergarten-stuttgart.de**

14 **DAV Kletterzentrum Stuttgart • Friedrich-Strobel-Weg 3, 70597 Stuttgart • kletterzentrum-stuttgart.de**

Röhre mit Karacho
Stuttgarts schnellste Wasserrutsche

→ Vielleicht hilft ja auch Schreien: Gleich geht's in die Looping-Rutsche

→ Manchmal ruht auch im F3 still das Wasser

Hast du schon mal im buchstäblichen Sinn den Boden unter den Füßen verloren? Im Familien- und Freizeitbad *F.3* in Fellbach kannst du das testen: Rein in die transparente Röhre, Klappe zu, den anderen noch kurz Tschüss sagen und auf den Knall warten, dem der freie Fall folgt. Kaum wirst du von der Schleuderröhre aufgefangen, geht es in einen Looping, du hast keine Ahnung mehr, wo oben und unten ist, kurz darauf schießt du auch schon auf die spritzende Zielgerade.

Falls deine Nerven für die Looping-Rutsche mit Raketenstart (ab 12 Jahren und mindestens 40 kg Körpergewicht) zu schwach sind, gibt es noch die Reifenrutsche »AquaRacer« (ab 6 Jahren, in Begleitung von Erziehungsberechtigten auch für Jüngere) und die grüne Turborutsche (ab 8 Jahren). Bei allen kommt garantiert keine Langeweile auf! Neben der turbulenten Rutschenwelt hat das F.3 mit seinen drei Bereichen Sportwelt, Erlebniswelt und Saunawelt ganz schön viele wilde Welten zu bieten, mit wirklich allem drum und dran: Solebecken mit Außenbereich, Planschparadies mit Kleinkindrutsche, Saunalandschaft mit acht Dampf- und Schwitzbädern, Strömungskanal, Riesenwhirlpool, Freibadbereich, Familienrestaurant, Sprunganlage, 50-Meter-Bahnen und und und … In der Wintersaison wird's wild und atmosphärisch bei den allabendlichen Musik-Lasershows, wenn 20 Minuten lang Lichteffekte, Sound und Nebel die abgedunkelte Badelandschaft beherrschen.

15 **F.3 • Esslinger Str. 102, 70734 Fellbach • f3-fellbach.de**

3, 2, 1, go! So richtig Gas geben beim Formel Kart

Achtung, wer sich hier auf die Strecke traut, wird höchstwahrscheinlich vom Rennfieber gepackt. Wegen weiterer Risiken und Nebenwirkungen fragst du am besten in der Boxengasse nach. Hier kannst du jedenfalls mal richtig Gummi geben, rechts überholen und durch die Kurven sliden, ohne Punkte in Flensburg zu kassieren. Die kleinen 6,5-PS-Flitzer warten auf dich mit warm gelaufenen Motoren auf der Indoor-Kartbahn bei *Kart-O-Mania* direkt an der B10 bei Stuttgart-Wangen. Auf dem Kurs mit S-Kurve, drei Spitzkehren und langgezogener Slide-Passage geht

↓ Helm auf, Gaspedal durchdrücken, Riesenrennspaß haben: Action bei Kart-O-Mania

↓ Speed macht durstig? Boxenstopp im Bistro ist angesagt

es nach dem Start ans Eingemachte. Das perfekte Rennfeeling entsteht durch eine Formel-1-Ampelschaltung und einen Formel-1-Rennstart. Am besten klärst du vorher ab, wann und ob die Bahn frei ist. Kleine Rennfahrer ab 1,30 m Körpergröße können beim Kids-Training groß rauskommen.

Hast du Sprit und Abgasen den Kampf angesagt, willst aber trotzdem auf die Rennstrecke? Im *»Sensadrom«* in Sindelfingen kannst du eine Sonderklasse der E-Mobilität testen: Die Karts flitzen elektrisch über die 300-Meter-Bahn, die sich über drei Ebenen erstreckt. Hier dürfen sich Rennfahrer gegenseitig mit bis zu 50 km/h ganz ohne Benzin jagen. Falls dir das an Spaß und Action noch nicht reicht, besuchst du am besten noch den Indoor-Freizeitpark »Sensapolis« gleich vor Ort.

16 **Kart-O-Mania Indoor-Kartbahn • Langwiesenweg 30, 70327 Stuttgart • kart-stuttgart.de**

17 **Sensadrom Indoor-E-Kartbahn • Melli-Beese-Str. 1, 71063 Sindelfingen • de.sensadrom.com**

Alle an Board
Paddel dich frei am Max-Eyth-See

→ **Rauf aufs Board und schon beginnt der (hoffentlich trockene) SUP-Spaß**

Um Missverständnissen vorzubeugen: Mit »SUP« ist hier nicht – wie bei Schwaben üblich – eine heiße Mahlzeit zum Löffeln gemeint. Hier ist die Rede vom *Stand-Up-Paddling*, sprich: Paddeln im Stehen. Und ja, im ersten Moment ist die ganze Angelegenheit ziemlich wacklig. Und vielleicht wirst du auch nicht ganz trocken durch die erste halbe Stunde kommen. Aber spätestens nach 2,5 Stunden hast du's geschafft, weißt du, wie du das Paddel hältst (wer rechts paddelt, hat die rechte Hand unten am Schaft und die linke am Griff), durchziehst (immer auch mit dem Oberkörper) und wie weit das Ding muss (nur bis zu den Füßen). Die spannendsten Stehpaddler-Aussichten hast du vom Neckar aus. Eine gute Anlaufstelle für alle Paddel-Fans oder solche, die mal vorsichtig an Board und Wasser schnuppern wollen, ist das *Riverhouse* gegenüber dem Max-Eyth-See. Die regelmäßig stattfindenden Anfängerkurse machen dich in nullkommanichts fit für eigene Touren auf dem Board. Du lernst sicher zu paddeln und alles, was du sonst noch für den SUP-Spaß auf dem Neckar oder anderen Gewässern wissen musst wie das Steuern, das Navigieren und die Vorfahrtsregeln. Oder weißt du längst, wie beim SUP der Hase läuft? Dann stelle dich anderen Herausforderungen, z. B. beim Paddeln mit deinen Begleitern auf einem Gruppen-Board, beim SUP-Yoga oder beim SUP-Pilates, wo dein Board zur schwimmenden Gymnastikmatte wird.

INSIDER-TIPP
Suppen, aber in 2.0

Falls du alles hast, was man zum SUP braucht, kannst du auf eigene Faust coole Neckar-Touren unternehmen, etwa von Bad Cannstatt aus zum Max-Eyth-See oder, wenn du gerne weitere Strecken zurücklegst, bis nach Marbach am Neckar. Von dort bringt dich die S-Bahn zurück nach Stuttgart.

18 **SUP am Riverhouse • Austr. 370, 70376 Stuttgart • riverhouse.de**

BLUEFIN

D2
DODGE BALL

Hoch hinaus In der Sprungbude den doppelten Salto üben

Schon mal gleich vorab: Du wirst morgen Muskelkater haben. Aber egal, da kümmerst du dich drum, wenn es soweit ist. Jetzt packst du erst mal deine Sportsachen ein, machst dich auf zur *Sprungbude* und erlebst dort so ungefähr das Lebensgefühl eines Flummis. Hier stehen dir nämlich über 80 Trampoline auf 1700 m² zur Verfügung. Spring im Freisprungbereich einfach rum, was das Zeug hält, oder kombiniere das Hüpfen mit einer anderen Sportart, z. B. mit Dodgeball, Völkerball im dreidimensionalen Bereich quasi, oder Slam Dunk, bei dem jeder spielend leicht zum Superstar à la Michael Jordan wird. Beim Bag Jump weckst du garantiert das Kind in dir – es ist ein riesiger Spaß, von den Sporttrampolinen im hohen Bogen in die Luftkissen zu springen. Beim Bungee Jump fühlst du dich endlich mal schwerelos und kannst risikofrei deine Saltos üben. Ziemlich schnell musst du beim Circle Jump durch die Gegend hüpfen, bei der Reaction Wall kommt's auf deine Reaktionsfähigkeit an und im Actionbereich Valo Jump wirst du – natürlich hüpfend! – zum Videospiel-Superhelden. Spezielle Schuhe brauchst du übrigens für dein Vergnügen im Trampolinpark nicht. Sprungsocken gibt's dort, und genau diese sind in der Sprungbude auch Pflicht. Buche dein Hüpf-Erlebnis am besten vorher online und beachte, dass die Bungee-Trampoline nur von Dienstag bis Donnerstag außerhalb der Schulferien im Preis mit enthalten sind.

← Egal ob beim Dodgeball oder im Freisprungbereich: Lass in der Sprungbude das Känguru in dir raus

INSIDER-TIPP
Platz gesichert!

19 **Sprungbude • Ziegelbrennerstr. 17, 70374 Stuttgart • sprungbude.de**

Gestresst? Dann tief durchatmen, Ommm, die entspanntesten Auszeiten liegen gleich hier um die Ecke. Auf dem Dach im Hallenbad, in der Winzer-Sauna, am Morgen oben auf dem Killesberg. Hier findest du ganz schnell wieder zur eigenen Mitte.

Die ruhigen Ecken

Entspannen von minimalistisch bis luxuriös

70 m überm Erdboden Baden auf dem Hochhausdach

→ **Hier schwimmst du quasi auf die Häuser zu – hoch oben im Panoramabad Asemwald**

Über den Wolken ... muss das Schwimmen wohl wunderbar sein. Na gut, erst mal scheint alles etwas befremdlich auf der Suche nach dem vergnüglichen Badeerlebnis: drei Wohn-Kolosse, jedes der massigen Gebäude rund 70 m hoch, drumherum nicht viel außer Wald. Und wo wird hier nun gekrault? Im öffentlichen Hallenbad im 21. Stock des Gebäudes A im Asemwald. Der Aufzug bringt dich ratzfatz in die 20. Etage, wo sich der Eingangsbereich, die Duschen und die Umkleiden befinden. Dann geht's zu Fuß noch zwei Treppen höher bis ins Erlebnisbad der Sonderklasse. Die Sensation besteht im *Panoramabad Asemwald* allerdings nicht aus Röhrenrutschen, Sprungtürmen, Sprudeldüsen und Spaßbecken, sondern: in der fantastischen Aussicht. Je nach Jahreszeit und Wetterlage kannst du aus dieser Perspektive den Weitblick bis zur Schwäbischen Alb genießen, auf Tuchfühlung mit den Regenwolken gehen, den Sonnenuntergang bewundern oder Heißluftballons und Regenbogen entdecken.

INSIDER-TIPP
Bis zum Horizont

Das einfache Schwimmbecken, in dem es recht gediegen zugeht, bietet 9 mal 14 m Platz für entspanntes Schwimmen und Plantschen. Wer's heiß braucht, besucht die Sauna. »Infinity« ist der Pool leider nicht – diesen Luxus eines scheinbar im Nichts endenden Wasserbeckens hatten die Planer der Asemwald-Wohnstadt vor rund 50 Jahren noch nicht im Sinn. Deshalb musst du zum Gucken eine Schwimmpause einlegen. Am besten rein in die Badelatschen und ab auf die Dachterrasse. Hier scheint die Freiheit tatsächlich grenzenlos.

1 **Panoramabad Asemwald • Im Asemwald 54, Gebäude A, separater Eingang zwischen den Hausnummern 58 und 60, 70599 Stuttgart • asemwald.de**

Kinder
Wildnis

Blicke um die Ecke

Expeditionen in geheime Hinterhöfe

Im Stuttgarter Westen stehen ziemlich viele Häuser ziemlich eng beieinander. Schließlich ist es das am dichtesten besiedelte Wohngebiet in ganz Deutschland. Hier verstecken sich zahlreiche Grünoasen, wo man sie gar nicht vermuten würde. Schau genau – und oft eben einfach mal um die Ecke. Etwa beim *Rossbollengässle*. Eigentlich winzig, doch wenn du dich hineinwagst, dann stehst du auf einem unerwartet weiten Gelände, mit Sandspielplatz und Rutsche, Drehkarussells und Tischtennisplatten. Und passenderweise einem Rössle (also einem Pferd), das natürlich auch gern beklettert wird …

Nicht weit davon entfernt, in der Gutenbergstraße, ist ein 3000 m^2 großer Hinterhof über einer Tiefgarage zum Abenteuerspielplatz geworden, mit Holzhütten, einem Sandel- und einem Bolzplatz. Der *Hasenspielplatz* ist mit gemütlichen Bänken zwischen Bäumen ein echter Rückzugsort im dicht bebauten Areal und ein mehrfach ausgezeichnetes Nachbarschaftsprojekt. Hast du schon die Ställe mit den Hühnern und Hasen entdeckt?

Oder du gehst zum Hölderlinplatz und etwas die Klüpfelstraße bergauf. Dort stehst du vor einem Törchen. *Kinderwildnis* ist drauf zu lesen, und wenn du eintrittst, bleiben Stadt und Verkehr außen vor – und du erkundest verschlungene, zugewachsene Pfade nach oben bis zum hölzernen Aussichtsturm. Wer findet den kleinen Tümpel mit Molchen? Aber bitte: Nur anschauen!

← Wo Hinterhöfe zum Abenteuer-Tobe-Land werden: das Rossbollengässle im Westen

← Das Schild der Kinderwildnis erreicht? Dann schnell durchs Törchen und die Natur dahinter entdecken

INSIDER-TIPP
Landleben in der City

2 **Rossbollengässle • Seyfferstr. 66c, 70197 Stuttgart**

3 **Hasenspielplatz • Rötestr. 39/Gutenbergstr. 112, 70197 Stuttgart**

4 **Kinderwildnis Klüpfelstraße • Klüpfelstr./Ecke Dürrstr., 70193 Stuttgart**

Rote Sonne Ein Tag mit herrlichen Aussichten

→ Zeit für den Sonnengruß: früher Morgen auf dem Killesbergturm

Die aktuelle Kesselzeit lautet 24/7. Oder sagen wir: von Sonnenaufgang bis Sonnenuntergang. Zu diesen Zeiten spielt Stuttgart nämlich drei seiner vielen großen Stärken aus: Aussicht, Aussicht und nochmal Aussicht. Wer das Tagesgestirn standesgemäß begrüßen möchte, muss – gähn – nicht nur früh aufstehen, sondern auch die nächste Stadtbahn auf den Killesberg nehmen, schlaftrunken durch den Park taumeln, die Stufen des *Killesbergturms* raufstapfen und – bäm! – sich mit einem Flash wecken lassen. Augen zukneifen und Richtung Osten schauen, wo sich das rebenbestückte Land rund um Neckar und Rems in den Sonnenaufgang wellt. Du erlebst übrigens in 42 m Höhe keinen Albtraum, der Turm wackelt wirklich. Ist aber alles sicher, der Stahlnetzbau hält. Wenn's dir doch etwas mulmig ist, dann wäre die Aussichtsterrasse vorm Bismarckturm weiter drüben im Westen eine Alternative. Der Vorteil: Von dort aus ist es nur ein kleiner Spaziergang zur Bar Vicino in der Traubenstraße, um den Tag mit einem ersten Espresso zu starten.

INSIDER-TIPP
Koffeinhaltig in den Tag

Der ist nämlich noch lang. Den Sonnenuntergang feierst du dann im schönen *Teehaus im Weißenburgpark*. Es gibt kaum einen hübscheren Platz als mit einem Glas Bier oder Wein der sich langsam rot färbenden Sonne zuzuprosten, während die Stadt unter dir die Lichter anzündet und in den Abend gleitet.

5 **Killesbergturm • Thomastr. 99, 70192 Stuttgart • killesbergturm.de**

6 **Teehaus im Weißenburgpark • Hohenheimer Str. 119, 70184 Stuttgart • teehaus-stuttgart.de**

29

Hallo Emil! Chillen, wo der Neckar fließt

Das Freibad nebenan, der Ruderverein darunter: Willkommen in der Großstadtoase, einen S-Bahn-Sprung von der City entfernt. Direkt am Neckar lässt du auf der großen Sonnenterrasse vom *Hallo Emil* die Beine aus der Hängematte baumeln und die Seele gleich mit. Oder sitzt auf dem lauschigen Balkon und lauschst dem sanften Plätschern des Neckar-Nebenarms. Aus der einsehbaren Küche orderst du Crossover-Gerichte von der kleinen, saisonalen Karte, die alle paar Wochen wechselt. Dazu einen fruchtigen Quitte-Sprizz oder erfrischenden Port-Tonic mit Spirituosen aus der Region. Oder einfach passend eine Stuggi-Schorle – wie wär's mit Löwenzahn? Auf dem bunt zusammengewürfelten Retro-Mobiliar kannst du gar nicht anders als entspannen …

← Absolut gemütlich, das Hallo Emil am Neckar

INSIDER-TIPP
Wer hat's erfunden?

Vielleicht läuft dir ja der kleine Emil über den Weg? Schließlich hat der Neffe von Betreiber Konstantin Ebert bei seiner Geburt den Namen geliefert, als kurz vor Eröffnung noch keiner feststand. Abends bringen dich kulturelle und kulinarische Events wie Konzerte und Weinproben in Stimmung. Zum unkomplizierten Verweilen mit Freunden kannst du nebenbei die Vesperplatte verputzen, mit Antipasti, Grillgemüse, Salami, Käse und allerlei Feinkost. DER Tipp, nicht nur für Romantiker: Unbedingt gegen Abend zur Stelle sein und ein Plätzchen sichern – der Sonnenuntergang hier ist einer der schönsten in der Region, versprochen! Und da fängt der Abend ja erst an … wenn du Glück hast, wird spontan auch noch der Grill ausgepackt. Der Sonntag steht dann ganz im Zeichen des Brunchs, der – natürlich! – überaus beliebt ist. Also besser schon eine Woche vorher reservieren!

7 **Hallo Emil • Inselstr. 147, 70327 Stuttgart • hallo-emil.de**

Träume vom Meer
Unterm Pflaster liegt der Strand

→ **Sonne, Sand und coole Drinks: Kurzurlaub im Sky Beach**

→ **Auch am Stadtstrand lässt du es dir gut gehen**

Jou, Digga, sind wir denn anne Nordsee hiä? Sand, wohin das Auge reicht, dazu Liegestühle, bequeme Sessel und Daybeds, Cocktails, Bier und Burger. Keine Frage, nirgendwo ist Stuttgart mehr Sylt als am *Stadtstrand* gegenüber der Wilhelma. Die Sonne funkelt im Fluss, die Tattoo-Dichte beim Publikum ist groß, das Alter niedrig und der Chill-Faktor immens – wenn man sich nicht gerade schwitzend durchs Beach-Volleyballfeld baggert. Einziges Manko: Der Neckar ist nur zum Gucken, nicht zum Anfassen bzw. Baden. Trotzdem hat's natürlich was, von April bis September an schönen, warmen Nachmittagen und Abenden die Zehen, im Liegestuhl sitzend, in den Sand zu bohren.

Dafür, dass das Meer weitab vom Schwäbischen liegt, hat die Stadt im Sommer eine hohe Stranddichte. Auf der anderen Flussseite, mitten in der City, sind 100 t Sand auf dem Dach eines Parkhauses gelandet. *Sky Beach* heißt die Oase, die mit ganz ähnlichem Konzept die Träume Richtung Meer, Muscheln und Möwen schickt. Nur dass hier das Wasser noch weiter weg ist. Stattdessen funkelt der Fernsehturm am Horizont und du bist ein kleines bisschen näher am Himmel, wenn abends Events stattfinden oder elektronische Vibes über den Kessel wabern. Und selbst wenn's kühler wird, bleibt dir der entspannte Ort erhalten, der dann Sky Nature heißt und dank wechselnder Bepflanzung zur grünen Outdoor-Oase – mit Bar und Flammkuchen für die richtig kalten Tage – wird. Das Vorbild ist nicht das schlechteste: die als Park wiederbelebte Highline in New York.

INSIDER-TIPP
Etwas fürs ganze Jahr

8 **Stadtstrand • Seilerwasen 6, 70372 Stuttgart • stadtstrand.com**

9 **Sky Beach • Königstr. 6, 70173 Stuttgart • skybeach.de, sky-nature.de**

-LICH
WILLKOMMEN!
SCHÖN, DASS DU
HIER BIST!
BITTE VERZEHRE HIER
KEINE MITGEBRACHTEN
SPEISEN UND GETRÄNKE.
DEIN TEAM VOM
STADT
STRAND

Glüh-Wein am Neckar Schwitzen in der Winzer-Sauna

→ **Nein, ein Viertele Trollinger wird dir in der Winzer-Sauna nicht serviert – dafür aber jede Menge Entspannung**

Ganz verschwitzt und herrlich entspannt: So hast du noch keine Aussicht in Stuttgart erlebt. Auch wenn sie *Winzer-Sauna* heißt, musst du kein heimischer Weingärtner oder, auf gut schwäbisch, »Wengerter« sein, um hier den Blick im Schweiße deines Angesichts über die malerischen Weinberge des Neckartals bis zum Rotenberg schweifen zu lassen, umrankt von Reben wilden Weins. Von der Finnischen über die Entspannungs-Sauna mit Licht- und Klangeffekten sowie den Ruheraum mit Wasserbetten und Neckarblick geht's hoch ins oberste Geschoss, zur Panorama-Sauna mit besagter Aussicht. Ach so, wo findest du sie eigentlich, die Winzer-Sauna? Im *Leuze Mineralbad* direkt am Neckar, dessen verschieden warme Drinnen-und-Draußen-Pools aus zwei kohlensäurehaltigen Heil- und einer Mineralquelle gespeist werden. Der Mineralwassertempel hat natürlich noch mehr zu bieten für deine Entspannung und Gesundheit als die Sauna mit dem gewissen Trauben-Etwas. 3300 m² groß ist die Wellness-Schwitz-Landschaft insgesamt, mit weiteren Saunen, Dampf- und Warmluftraum samt Farblichttherapie und der einen oder anderen Terrasse an der frischen Luft. Da vergibt der Deutsche Sauna-Bund doch glatt fünf Sterne!

INSIDER-TIPP
Ganz, ganz allein

Einmal rund um die Welt reist du in den mehr als ein Dutzend Saunen und Dampfbädern der *Schwabenquellen*. Wer sich gern ganz exklusiv entspannen möchte, bucht eine der Private-Spa-Suiten, bei denen man die Badelandschaft mitbenutzen kann.

10 **Winzer-Sauna im Mineralbad Leuze • Am Leuzebad 2, 70190 Stuttgart • stuttgarterbaeder.de**

11 **Private Spas in den Schwabenquellen • Plieninger Str. 100, 70567 Stuttgart • schwabenquellen.online**

Stadtgeschichte aus Stein Flanieren im Lapidarium

Es ist wie ein Spaziergang durch ein Geschichtsbuch mit steinernen Protagonisten. Märchenhaft umfangen dich die Erlebnisse und Geschichten, die die Figuren und Steintrümmer im *Lapidarium* aus vergangenen Zeiten erzählen. 500 Jahre Stadthistorie, da kommt ganz schön was zusammen. Ein Ritter weist dir an der Mörikestraße unterhalb der Karlshöhe den Weg, an der Treppe zum Eingang hält ein weiterer Kavalier Wache, und ein paar Stufen weiter oben blickt ein bärtiger Herr aus Stein vielversprechend auf dich herab. Denn jetzt öffnet sich dir ein stilles, romantisches Kleinod, ein nach dem Vorbild italienischer Renaissance-Gärten angelegter Park. Der städtische Trubel ist ausgeblendet, als hätte jemand die Lautlos-Taste gedrückt. In Wandelgängen, auf verschlungenen Pfaden und versteckten Terrassen begegnen dir rund 200 steinerne Schönheiten.

← Was die Statuen im Lapidarium dir wohl erzählen könnten?

Besondere Schmankerl der Anlage sind ein Portalfragment eines der ältesten Häuser der Stadt aus dem 13. Jh., die Eingangsfassade zum Wohnhaus des Renaissance-Baumeisters Heinrich Schickardt sowie die Jaspis-Schale, die der württembergischen Königin Olga gehörte. Das romantische Freilichtmuseum ist nur im Sommer geöffnet, der Eintritt frei.

Für noch mehr Stadtgeschichte musst du die Beine in die Hand nehmen: Auf dem Birkenkopf im Westen wurden die Häusertrümmer aus dem Zweiten Weltkrieg abgeladen, weshalb die Stuttgarter den höchsten Berg im Stadtgebiet nur Monte Scherbelino nennen. Auf den Trümmern kannst du rumkraxeln – wenn du dich von der fanastischen Aussicht losreißen kannst, die dich vor allem zum Sonnenaufgang umhaut!

INSIDER-TIPP
Zeitreise mit Aussicht

12 **Städtisches Lapidarium • Mörikestr. 24/1, 70178 Stuttgart • stadtpalais-stuttgart.de**

Plätscherndes Idyll
Wassertreten in der Mombachquelle

→ **Ja, doch, die Stadt liegt gleich um die Ecke: Plätscheridylle an der Mombachquelle**

Hinter den sieben Bergen, bei den sieben Zwergen … Nein, so ab vom Schuss ist sie gar nicht, die Mombachquelle, nur hinter dem Hallenbad des Schwimmvereins Cannstatt in der Neckarvorstadt. Und doch liegt sie so versteckt, dass sie meist ganz ungesehen und in aller gebotenen Ruhe ihre Luftbläschen aufsteigen und an der bläulich-grünen Wasseroberfläche ihres Quellsees tanzen lassen kann. Die Mombachquelle ist der einzige noch vorhandene natürliche Quelltopf in Stuttgart – und liegt leider unzugänglich hinter Gittern. Aber der Mombach selbst, der bahnt sich von dort seinen Weg durch die kleine Parkanlage bei der Krefelder Straße zum Neckar.

INSIDER-TIPP
Störche im Quellwasser

In der idyllischen *Mombachanlage* kannst du die Naturschönheit abseits des Citybetriebes bewundern und dazu noch eine Kneippkur machen, die sich gewaschen hat: Beim Hineinwaten ins 13 °C frische Quellwasser ergibt sich der Storchengang, der zur Kneippkur beim Wassertreten dazugehört, von ganz allein. Also schön abwechselnd die Beinchen aus dem Wasser ziehen und wieder absetzen, ganz wie der berühmte Storch im Salat – das fördert garantiert die Durchblutung, stärkt das Immunsystem und regt den Stoffwechsel an. Der hochfürstliche Leibmedicus Georg Friedrich Gmelin war übrigens seinerzeit (1736) schon von den besonderen Eigenschaften der Mombachquelle überzeugt. Er stellte fest: »Das Kannstatter Sauerwasser enthält sehr volatilische wie auch weniger fixe, sowohl saure als auch mehr alkalische Salz-Geister nebst einem gemeinen Kochsalz.« Na, wenn das nichts ist.

13 **Mombachanlagen • Krefelder Str. 13, 70376 Stuttgart**

HAPPY
CATS CAFÉ & TRATTORIA
MR.BOX
MR.BOX

Stubentiger kraulen

Im fröhlichen Katzencafé

Oh, ist die süß – darf ich die streicheln? Aber klar doch, bis auf die Bengalkatze Lilly, ein »Model« im Leopardenlook, haben die Stubentiger nichts gegen die Streicheleinheiten. Im Gegenteil: Die Sibirische Waldkatze Anastassia ist ein richtiges Kuschelmonster, genau wie Schmusekatze Abbi, ein Abessinier. Wenn die zahlreichen Rassekatzen durch das *Happy Cats Café & Trattoria* streifen, springt dir sicher eine auf den Schoß ... wenn du das magst. Und dann einfach wohlfühlen – denn was ist entspannender als das Schnurren einer Katze? Tatsächlich: Die vibrierenden Samtpfoten schütten auch bei uns das »Glückshormon« Serotonin aus!

In Asien gibt es schon etliche solch tierischer Kuschelcafés. Von dort haben Daniel Di Stefano und seine chinesische Frau Miya die Idee mitgebracht – und im Stuttgarter Westen das erste Katzencafé in der Region eröffnet. »Italien trifft China« ist das naheliegende Motto der beiden, was das servierte Essen betrifft, denn das gibt's – neben der Katzen-Familie – im Café natürlich auch. Als Vorspeise wählst du zwischen Miso- und Tomatensuppe, danach entweder gebratene Dumplings, die chinesische Variante der Maultaschen, oder Flammkuchen. Keine Pizza? »Die hat doch jeder«, schmunzelt Daniel Di Stefano. Lieber einen cremigen Cappuccino oder einen quietschbunten Bubble Tea? Das chinesische Kultgetränk auf Basis von Grünem oder Schwarzem Tee, mit geleeartigem Topping aus Tapiokastärke, ist vor allem bei der jüngeren Kundschaft der Renner. Schon mal Bubble Tea mit Popping-Boba-Perlen probiert? Die Kügelchen zerplatzen im Mund – welcher Geschmack soll's denn sein: Litschi, Kiwi, Mango, Passionsfrucht ...?

← Bubble Tea und Katzen: Diese ebenso ungewöhnliche wie spannende Kombination findest du im Happy Cats Café

INSIDER-TIPP
Geschmacksbömbchen

14 Happy Cats Café & Trattoria • Arndtstr. 39, 70197 Stuttgart • happycatscafe.de

Kaninchen trifft Kobra Yoga & Co. gegen den Stadtblues

→ **Gesund und mittendrin – bei Sport im Park spielt Stuttgart seine grünen Stärken aus**

Manchmal kann einem das urbane Leben ganz schön zusetzen. Zeit für ein Timeout. Wie wär's mit einem Kurztrip in die Tropen? Die 35 °C im Hotroom von *OM Yoga* stammen zwar aus der Fußbodenheizung, ihren Effekt haben sie aber trotzdem. Denn wenn du bei diesen Temperaturen die 26 Asanas und zwei Atemübungen des Hot Yoga machst, freuen sich deine Muskeln und Gelenke über die Extraportion Wärme in der Luft. Ob Kaninchen, Kobra, Heuschrecke, Adler oder Waage, die meditative Atmosphäre im schönen Yogastudio im Westen tankt dich mit jeder Menge Energie auf. Schwitzen kannst du auch ganz spontan, ohne Mitgliedschaft: einfach online eine Karte kaufen, die es als Drop-in-, als Mehrfach- oder Zeit-Version gibt. Wer öfter kommen mag, kann das einmalige (!) Angebot für Neulinge wählen: an zehn Tagen so oft vorbeikommen, wie sie oder er mag, und gerade mal 20 Euro zahlen. Dann heißt es 15 Minuten vor Kursbeginn da sein, und alles andere ergibt sich ganz von selbst.

INSIDER-TIPP
Für Sparfüchse

Nicht anders ist es bei *Sport im Park*. Wer mag, legt einfach los, bei Capoeira, Pilates, Parkour, Body Weight Training, Zumba, Functional Fitness und was es sonst noch so alles im kostenlosen und unverbindlichen Angebot der Stadt gibt. Rund 70 mal in der Woche kannst du dich in einem der Parks unter Traineraufsicht auspowern, und zwar den ganzen Sommer über. Einziges Problem: die vielen Termine zu koordinieren und dich zu entscheiden, bei was du ins Schwitzen kommen willst.

15 **OM Yoga • Gutenbergstr. 77a, 70197 Stuttgart • omyogastuttgart.com**

16 **Sport im Park / Stuttgart bewegt sich • in den Parks und bei Vereinen • stuttgart-bewegt-sich.de**

Willy-Reichert-Staffel

Ahoi, Moai! Stäffeles-Tour auf die Osterinsel

Der Weg auf die Osterinsel ist steil, und er beginnt am Marienplatz. Über die Liststaffel im Süden des Platzes geht's hinauf Richtung Degerloch. Mach dich locker, dein Gipfelsturm führt über einen der steilsten Hänge des Kessels. 96 Stufen später stehst du an der Liststraße, es folgt eine Links-rechts-Kombination in die Zellerstraße. Dort beginnen rechter Hand die Stufen, die an der St.-Paul-Kirche in die Fritz-Münch-Staffel übergehen. Aus der Puste? Blöd, denn jetzt wird's kernig: 356 Stufen aufwärts, Stufe um Stufe, fast schon meditativ. Zum Glück musst du immer wieder anhalten, wenn sich zwischen Bäumen und Häusern der Blick ins City-Tal freimacht. Noch ein paar Meter und du stehst an der Alten Weinsteige, wo es selbst die Wagen der Zacke, der Zahnradbahn, nicht leicht haben. Folge ihnen einige Meter, dann stapfst du nach rechts auf die Haigststaffel. Nochmal 130 Stufen, atmen nicht vergessen. 170 Höhenmeter hast du jetzt in Oberschenkel und Waden. Jetzt ist die Südsee nur noch 400 m entfernt: Ein Moai, eine kleine Nachbildung der berühmten Köpfe auf der Osterinsel, schmückt den Santiago-de-Chile-Platz, eine Plattform mit herrlicher Aussicht, die auch viele Stuttgarter nicht kennen.

Wer beschließt, die Stäffele zu erkunden, muss eine gute Portion Fitness mitbringen (oder hat sie zumindest hinterher). Du kannst dir selbst eine Tour zusammenstellen (Anregungen unter *stuttgartwege.blogspot.com*) oder eine Führung mit *Stuttgarter Stäffelestour (stuttgarter-staeffelstour.de)* machen. Da gibt's dann noch jede Menge Geschichte(n) dazu. Oder einen Hauch Abenteuer bei der Stäffele-Rallye, einer Art Schnitzeljagd mit Handy. Eins ist aber sicher: Wer wie die alten Stuttgarter über die Stufen hirscht, die früher die Weinberge miteinander verbunden haben, wird danach das langsame Steigen lieben. Oder immer den Aufzug nehmen.

← Bist du etwa irgendwo falsch abgebogen? Auf dem Santiago-de-Chile-Platz bekommst du dieses Osterinsel-Feeling

← Workout Stuttgart-Style: über Staffeln und Stäffele

INSIDER-TIPP
Aussichtsvoller Geheimtipp

17 **Stäffeles-Tour zum Santiago-de-Chile-Platz • Start: Marienplatz**

Das gibt's hier auch?
Spazier durch die klitzekleine Altstadt

→ **Schlendere gemütlich durch die Altstadt und entdecke die kleinen Läden**

→ **Gemeinnützig, modern und mit hochwertigem Angebot, das ist das Natan**

Kopfsteinpflastergässchen, lauschige Hinterhöfe, alte Bäume drübergebeugt und dazu Fachwerk – selbst das bietet Stuttgart, wenn auch nur in homöopathischen Dosen. Mach dich auf zu einem Bummel durch die kleine Altstadt im *Leonhards- und Bohnenviertel*, wo Boutiquen und Antiquariate warten. Finde bei Schmachtfetzen *(schmachtfetzen.de)* oder Lieblingsstück by Manuela Zinser *(lieblingsstueck.store)* Kleiderschrankneuheiten oder bei Tommes *(facebook.com/tommesrecords)* den Schallplatten-Himmel. Besondere Blumen, Pflanzen und Accessoires locken dich in Der Blumenladen *(derblumenladen.net)*.

INSIDER-TIPP
Viel Charity im Kaffee

Ein Päuschen machst du im Non-Profit-Café *Natan* in der Katharinenstraße im Leonhardsviertel, das sich gerade vom Rotlicht- zum angesagten Szeneviertel wandelt. Die Café-Bar wird von der Stuttgarter Hilfsorganisation STELP betrieben. Hier arbeiten alle ehrenamtlich, der gesamte Gewinn fließt in humanitäre Projekte auf drei Kontinenten und es erwartet dich »best of Stuttgart«: Kaffee von der Mókuska Kaffeerösterei, Kuchen von der Kuchenliebe, es gibt den prämierten Stuttgarter GinStr … Wenn du danach noch etwas einkaufen willst, geh über den Charlottenplatz zum *Weltladen*. Hast du genug gestöbert, gönn dir dort eine Auszeit im Innenhof des Alten Waisenhauses. Du wirst in der City kaum ein lauschigeres Plätzchen zum Relaxen finden …

18 **Leonhards- und Bohnenviertel • 70182 Stuttgart • stuttgarter- bohnenviertel.de, stuttgart-tourist.de**

19 **Natan Café and Bar • Katharinenstr. 15, 70182 Stuttgart • natan-cafeandbar.com**

20 **Weltladen & Weltcafé • Charlottenplatz 17, 70173 Stuttgart • weltladen-planie-stuttgart.de**

Rosenstr.
Weberstr.

ESPRESSO
AMERICANO
CORTADO
CAPPUCCINO
MILCHKAFFEE
LATTE MACCHIATO
FLAT WHITE
CHAI LATTE
EXTRA SHOT
BIO KAKAO
RANCILIO

Eichhörnchen und tote Dichter Auf dem Friedhof

→ **Beschaulich und ruhig liegt der Hoppenlau-Friedhof da**

Welcher Tag ist gut für einen Friedhofsbesuch? Ein nasskalter Winter-Montag, an dem einem sowieso die ganze Welt zum Hals heraushängt? Besser vielleicht ein in frischem Grün leuchtender Frühlings-Dienstag, wenn alles ganz luftig-leicht ist. Oder ein sonnensatter Sommer-Mittwoch, wenn die Hitze über den Straßen in Stuttgart-West flirrt. Nicht ganz schlecht ist auch ein frühmorgendlicher Herbst-Donnerstag, der einen mit melancholischem Nebel umfängt. Kurz und knapp: Jeder Tag ist prima für den *Hoppenlau-Friedhof!* 1626 wurden hier erstmals brave Schwaben zur letzten Ruhe gebettet, 1951 verschwand zum letzten Mal eine Urne in der Erde. Danach wurde der Gottesacker nahe der Uni zum ziemlich vergessenen Stück Stadtgeschichte. Dabei sind hier einige echte Schwaben-Helden begraben, etwa die Dichter Wilhelm Hauff, Gustav Schwab und Christian Daniel Schubart und jede Menge anderer Künstlerinnen und Künstler.

Mittlerweile ist der Friedhof zum stillen Park geworden, perfekt, um sich mal aus dem Schlossmarienplatzkönigstraßen-Trubel auszuklinken. Weil in den letzten Jahren viele der Grabsteine und -denkmäler saniert wurden, sind Inschriften wieder gut lesbar: »Seine Biederkeit trotzte jedem Sturm«. Hoppla, da hat sich aber jemand zu Lebzeiten keine Freunde gemacht. Darüber kann man nachdenken, während man unter alten Bäumen zwischen Grabsteinen spaziert und die Kunstgeschichte von Rokoko bis Klassizismus an einem vorbeizieht. Friedlich ist es hier, und an jeder Ecke springen dich tolle Fotomotive an (und gar nicht so scheue Eichhörnchen). Wenn du mehr über die Geschichte des Friedhofs erfahren willst, dann schau, wann Führungen angeboten werden (z. B. *stuttgart-tourist.de* oder *kunstundreisen.com).*

INSIDER-TIPP
Tiefer rein gehen in die Geschichte

21 Hoppenlau-Friedhof • Rosenbergstr. 7, 70174 Stuttgart • hoppenlaufriedhof.info

Im siebten Himmel
Auf Terrassen chillt es sich besser

← Top-Ausblick und Top-Bar: die Wolfram Bar & Terrace

Hey Wolfram, du hast es faustdick hinter den Ohren. Bei deinem Namen hat man ja nicht sofort Musik im Kopf, und Jazz schon gleich gar nicht. Da denkt man eher an Miles, Duke oder Dizzy. Und doch bist du Jaz mit einem Z, nämlich die Rooftop-Bar *Wolfram Bar & Terrace* des Hotels Jaz in the City Stuttgart in der Wolfram(!)straße. Und du machst einen ziemlich guten Job im 6. Stock des markanten Hochhauses am Rand des Europaviertels namens Cloud No. 7. Ob es nun der siebte oder ein anderer Himmel ist: Nicht nur deine balinesischen Betten sind perfekt, um einen langen Tag sanft in den Abend zu schubsen. Der eine oder andere lecker gemixte Posten auf der gut sortierten Cocktailkarte oder ein Glas vom Stöffchen auf der noch ausführlicheren Weinkarte helfen dabei. Dazu ein paar dezente Beats im Background – das Hotel hat ja schließlich die Musik zum Dreh- und Angelpunkt seines Designs gemacht – und schon wird Versöhnung mit der hektischen Welt gefeiert. Zugegeben, der Blick ist nicht Manhattan, aber dafür ganz schön Stuttgart, mit blau leuchtender Bibliothek und sattgrünen Hängen, von denen die Fenster der Halbhöhen-Villen herüberfunkeln.

Definitiv näher dran am quirligen City-Leben bist du im *Wirtshaus Lautenschlager*, vor allem am Wochenende. Eine der wohl schönsten Terrassen der Stadt ist ein Ruhepol beim Blick hinaus aufs Getümmel am kultigen Palast der Republik – und überhaupt doch mittendrin im noch gar nicht so lange bestehenden Nightlife-Bermuda-Dreieck Ecke Lautenschlager, Bolz- und Theodor-Heuss-Straße.

INSIDER-TIPP
Mittendrin dabei

22 **Wolfram Bar & Terrace • Wolframstr. 41, 70191 Stuttgart • jaz-hotel.com**

23 **Wirtshaus Lautenschlager • Lautenschlagerstr. 24, 70173 Stuttgart • wirtshaus-lautenschlager.de**

Looping mit bunten Bällen Zum Minigolf in den Osten

Mit einem lauten »Klack« trifft der Ball auf Metall. Wieder den Eingang zum Looping nicht getroffen! Nur noch drei Versuche, dann sind's sieben und die Bahn wird als »nicht geschafft« bewertet – eine undenkbare Vorstellung für ambitionierte Mini-Golfer. Auf der Uhlandshöhe wird seit 1962 versucht, den Ball mit Schmackes durch den Looping zu donnern. Damals hat Robert Schwab die erste Anlage dieser Art in Stuttgart gebaut. Heute ist sie immer noch in Familienhand und einer der kultigsten Orte der Stadt. Hier oben beim *Minigolf Uhlandshöhe* triffst du sie am Wochenende – denn nur dann hat der Platz geöffnet – alle, das Hipster-Pärchen, die quirlige Familie und jene, die ein bisschen nostalgisch sind und an die Minigolf-Ausflüge von früher erinnert werden möchten. Da stehst du nicht so drauf, du hast aber trotzdem Lust, mit Geschick und wohldosierten Schlägen kleine bunte Bälle in Löcher zu befördern? Dann ist das Adventure Minigolf von *Citygolf Stuttgart* in Mühlhausen etwas für dich: Da wird auf schickem Kunstrasen eingelocht, die Hindernisse sind wohlmodelliert und so mancher Golfer übt hier das Putten.

Auf der Uhlandshöhe dagegen sind selbst die Hindernisse Klassiker, von der Wippe (nur absolut konzentriert zu schaffen, mit Zungenspitze im Mundwinkel) über die Welle bis zur Schanze mit Fangnetz. Und hinterher gibt's im Kiosk eine Spezi oder eine Apfelschorle. Wer ein Picknick dabei hat, setzt sich auf eine der Bänke außerhalb der Anlage und genießt den herrlichen Blick über die Stadt.

← Da werden Kindheitserinnerungen wach – beim Minigolfen auf der Uhlandshöhe

INSIDER-TIPP
Golfen in klein

24 **Minigolf Uhlandshöhe • Alfred-Lörcher-Weg, 70188 Stuttgart • minigolfanlage-uhlandshoehe.business.site**

25 **Citygolf Stuttgart • Wagrainstr. 136, 70378 Stuttgart • citygolf-stuttgart.de/adventure-minigolf**

Hier ist was los, hier steppt der Bär. Und du: mittendrin. Stürz dich rein ins pralle Leben, in die urigsten Events, die stimmungsvollsten Konzerte, die angesagtesten Festivals. Man lebt schließlich nur einmal!

Das pralle Leben

In Feierlaune das ganze Jahr

SPONSORED BY:
FOF Fernost-Flug-Service

Tropische Nächte erleben Sommerfestival der Kulturen

Besonders sexy zu sein – unter diesem Verdacht hat der Marktplatz bisher noch nie gestanden. Wären da nicht diese sechs wunderbaren Tage im Sommer, an denen die weite Pflasterfläche wirklich mal zum schlagenden Herzen der Stadt wird. Beim *Sommerfestival der Kulturen* pumpt das Blut im Rhythmus der ganzen Welt. Es groovt indisch, argentinisch, ghanaisch, arabisch, kubanisch. Klezmer, Ska und Tex-Mex fahren in Hirn und Bein. World fusion at its best – keiner kann stillhalten, und die Hitze im Kessel verpasst allem eine Dosis tropische Leichtigkeit. Vor dem Rathaus flirrt die Wüste und schunkelt der Dschungel.

INSIDER-TIPP
Livemusik für lau

Dabei sind die täglich zwei bis drei mitreißenden Konzerte, die nicht einen Cent Eintritt kosten, längst nicht das Einzige, was das interkulturelle Festival so intensiv macht. An unzähligen Ständen kannst du um die Welt schlemmen. Menschen aller Kulturen, die sonst einer ganz anderen Arbeit nachgehen, betätigen sich als Kellner und Köche, reichen im Akkord duftende, triefende, heiße Fladen, Teigtaschen und Currys an die schwatzende, wartende Menge. Puh, da muss man auch mal ausscheren und Cocktail schlürfend an Info-Ständen vorbeiziehen oder über den »Markt der Kulturen« schlendern und sich beim Stöbern in die Welt träumen.

Das kann man übrigens auch, nur ein Krabbenbrötchen entfernt, auf dem Karlsplatz. Dort gastiert parallel der *Hamburger Fischmarkt*. Fröhlich geht's auch dort zu, und bei Köm, Backfisch und Marktschreier Aale-Dieter ist die Waterkant ganz nah.

← Beim Sommerfestival der Kulturen groovt die Welt vorm Rathaus zum selben Rhythmus

← Ein Stück Norden gibt's auf dem Hamburger Fischmarkt in Stuttgart

1 **Sommerfestival der Kulturen • Marktplatz, 70173 Stuttgart • sommerfestival-der-kulturen.de**

2 **Hamburger Fischmarkt • Karlsplatz, 70173 Stuttgart • fischmarkt.events**

Heilige Sch ... Weihnachtsshopping im Römerkastell

→ **Egal ob Deko, Schmuck oder Delikatessen – beim Holy Shit Shopping sind die Produkte alles andere als gewöhnlich**

INSIDER-TIPP
So abgedreht wie möglich

Falls Weihnachten mal wieder ganz überraschend um die Ecke kommt und du noch keine Geschenke besorgt hast oder wenn du einfach nur nach Originellem für dich selbst stöbern willst, dann geh zum *Holy Shit Shopping*. Was schräg klingt, ist auch schräg, zumindest anders. Das Winter-Event in der Phoenixhalle im Cannstatter Römerkastell hat nichts mit traditionellem Weihnachtsgebimmel und Adventsgedöns zu tun. Die üblichen Stricksöckchen, Strohsterne und Stielpfannen findest du auf dem »normalen« Weihnachtsmarkt, hier gibt's eher Exklusives für unter und um den Baum herum, an einem der Wochenenden kurz vor dem Fest. Wer etwas wirklich Originelles und Ausgefallenes verschenken will, wird im Römerkastell mit Sicherheit fündig. Um die 150 Künstler und Designer präsentieren und verkaufen hier ihre Produkte, von handgemachten Taschen aus recycelten Materialien über abgefahrene Lampen-Kreationen bis zu Klamotten-Unikaten für Babys aus Bio-Baumwolle. Vieles ist nachhaltig, vegan oder bio – oder auch alles zusammen.

Statt weihnachtlicher Flötenklänge oder Jingle-Bells-Ohrwürmern begleiten entspannte Beats und Bässe deinen Bummel durch die Halle. Neben Designprodukten in allen möglichen Varianten lockt dich auch der Duft von Köstlichkeiten an die gemütlichen Bars und Tische im Streetfood-Bereich. Holy Shit Shopping gab es übrigens zuerst in Berlin. Hamburg, Köln und Stuttgart zogen nach, und mittlerweile kannst du auf *holyshit.shop* auch online mehr oder weniger Heiliges einkaufen. Wie wär's z B. mit einer goldenen Brezel-Halskette?

3 **Holy Shit Shopping • Phoenixhalle im Römerkastell • Naststr. 43, 70376 Stuttgart • markets.holyshitshopping.de**

Mercedes-Benz Bank
OURS
RNATIONAL
CE FESTIVAL
COLOURS
BECK'S

Schwerkraft? Wo? Beim Tanzfestival einfach ausflippen

Stillstehen ist keine Option. Zu mitreißend ist die Musik, und weil die Menschen um dich herum auch nicht mehr an sich halten können, wirst du einfach mit hinein gezogen. In einen Wirbel aus Rhythmus und Lebensfreude. Und das mitten auf dem Schlossplatz, dort, wo sonst nur Einkaufsbummler und Büromenschen schlendern und hasten. Es wird getanzt und gelacht und sich der Musik hingegeben. Aber das *Colours International Dance Festival* bringt das Tanzen nicht nur in die City und zu den Menschen, seit 2015 hat es sich einen Namen auch dank seiner hochkarätigen Besetzung gemacht. Zu der zählt auch sein Erfinder: Der Kanadier Eric Gauthier, der 2002 Solotänzer beim Stuttgarter Ballett wurde und seit 2007 mit der Gauthier Dance-Compagnie Furore macht, ist längst fester Bestandteil der hiesigen Kreativszene.

Die meisten Auftritte der Tanz-Profis finden während des Festivals im Theaterhaus auf dem Pragsattel statt, einer der schönsten Kulturlocations der Stadt mit wunderbarer Backstein-Industrieatmosphäre und einem spannenden Programm zwischen Comedy, Kabarett, Theater, Pop, Rock, Klassik, Jazz und vielem, vielem mehr. Hier kannst du in den Proben junge Choreografen bei der Arbeit sehen, du kommst dem kreativen Prozess ganz nah und kannst erleben, wie Tänzerinnen und Tänzer die Seiten wechseln und selbst Stücke inszenieren. Aber so richtig Wumms hat das Festival dann, wenn man selbst mitmachen kann. Beim Auftakt auf dem Marktplatz, bei einem Flashmob auf dem Schlossplatz oder beim Kids Day, der auch schon mal in der Wilhelma stattfand. Da kann dann keiner mehr die Füße stillhalten und die Schwerkraft ist nur noch ein Gerücht.

← Bald geht's los! Freudiges Warten vor dem Theaterhaus, einer der Hauptlocations des Tanzfestivals

← Da machen einfach alle mit – beim Workshop mit Eric Gauthier

INSIDER-TIPP
Tanz in Kultlocation

4 **Colours International Dance Festival • Theaterhaus Stuttgart, Siemensstr. 11, 70469 Stuttgart • theaterhaus.com**

Jahrmarkt für grüne Superhelden Das Kesselfestival

↓ Jede Menge Spaß und Musik verbinden sich aufs Schönste mit Nachhaltigkeit: das Kesselfestival für eine bessere Welt

Eigentlich könnte auf dem Wasen ein Ufo landen und die Stadt würde es wahrscheinlich nicht mal mitkriegen. Es gibt wahrlich schönere – und zentralere – Orte als den riesigen Platz in Bad Cannstatt zwischen Schleyer-Halle und Neckar. Aber beim *Kesselfestival*, da verwandeln sich er und das benachbarte Reitstadion in einen bunten, quirligen, kuscheligen, jungen Jahrmarkt mit Wasserbassin und Babywiese, Foodtrucks und Riesenrad, Bio-Bratwurst-Burger-Bastlern, Skateboardern, Basketballern, fliegenden Superhelden auf dem Trampolin und BMX- oder Skateboard-Künstlern. Sogar der Neckar darf mitspielen beim schwäbischen Festival, und zwar als in der Sonne glitzernder Highway für SUP- und Kanu-Paddler. Und auf dem Übermorgenmarkt

gibt's jede Menge Tipps fürs nachhaltige Leben, damit auch der Planet etwas vom Festival hat. Coachella goes schwäbisch.

Das Besondere an der zweitägigen Sommersause ist aber der Eintritt: Mit dem Basis-Ticket für 9,90 Euro kostet er dich für einen der beiden Tage nicht einmal einen Zehner. Und dafür darfst du auch vor der Bühne abrockenausdrehenmitsingentoben. Zumindest nachmittags, aber auch da gab's bei der Erstauflage mit Acts wie Maximo Park, Namika und Tom Gregory ein durchaus ansehnliches Programm. 2022 sollen Lotte, Joris oder Moop Mama auftreten. Die Headliner ab 18 Uhr sind dann nur mit Tagesticket zu sehen, aber auch das gibt sich mit 24,90 Euro so fair und freundlich wie eine vegane Falafel. Wer die Kohle investierte, konnte schon bei Hochkarätern wie Max Giesinger, Wanda oder Samy Deluxe abfeiern. Und jetzt mal ganz ehrlich: Wenn die Sonne überm Kessel untergeht und den Wasen in goldenes Licht taucht, dann wird auch dieser Platz zum Lieblingsort.

5 **Kesselfestival • Auf dem Cannstatter Wasen und im Reitstadion Stuttgart • Bad Cannstatt • kesselfestival.de**

Trips in fantastische Welten Dragon Days und Comic Con

→ **Bunt, kreativ und ein kleines bisschen verrückt: Begegne Cosplayern auf der Comic Con**

→ **Bei den Dragon Days wird auch mal fantastisch gezeichnet**

Jetzt wird's satanarchäolügenialkohöllisch, um mit Michael Ende zu sprechen. Sein »Wunschpunsch« ist ein Klassiker der fantastischen (Kinder-)Literatur und kommt – aus Stuttgart, so wie auch die deutschen »Herr der Ringe«-Ausgaben. Dazu gibt's noch die Cross-Cult-Comics aus Ludwigsburg, und auch die Stadt Braavos mitsamt ganzer »Game of Thrones«-Heere wurde hier getrickst. Ist die Kesselstadt vielleicht ein Portal in andere Welten? Die *Dragon Days* lassen einen das jedenfalls stark vermuten. Beim alljährlichen Fantastikfestival schaust du hinter die Kulissen übernatürlicher Welten, in alternative Vergangenheiten und mögliche Zukünfte. Quer durch die Stadt – in Kinos, im Literaturhaus, in der Stadtbibliothek, im Kulturzentrum Merlin, im Lindenmuseum – wird gelesen und live gezeichnet, geschaut und gestaunt, vorgetragen, diskutiert und ausgezeichnet.

Und so richtig raus aus der Realität (Banalität?) des Alltags beamt dich die kunterbunte *Comic Con*. Hier klatscht sich Spidey mit Darth Maul ab, begegnest du Disney-Prinzessinnen und anderen Cosplayern, kannst du (Serien-)Schauspieler auf der Bühne mit Fragen löchern, in unendlichen Merch-Welten stöbern und mit imperialen Sturmtruppen über den Todesstern diskutieren. Das sagt dir alles nichts? Perfekt, dann wirst du aus dem Staunen nicht mehr rauskommen. Und die Zeit in diesem Paralleluniversum umso intensiver erleben.

6 **Fantastikfestival Dragon Days • an verschiedenen Locations in der ganzen Stadt • dragon-days.de**

7 **Comic Con Stuttgart • Messepiazza 1, Am Flughafen, 70629 Stuttgart • comiccon.de**

"Harley & Ivy"
PROD. NO. S1409
ROLL
4
SCENE
35-J
TAKE
1
SOUND
FX
DATE 6/24/2016
PROD. CO.
DIRECTOR

Großes Kino auf dem Schlossplatz
Trickfilm-Festival

→ **Ganz schön beliebt: die Vorstellungen des Internationalen Trickfilm-Festivals auf dem Schlossplatz**

→ **Bereit für Ausflüge in die Virtual Reality?**

Erinnerst du dich? Wicki und Biene Maja, Tom & Jerry, Bugs Bunny, was haben wir gelacht. Aber – Trickfilme sind nur was für die Kids? Keineswegs, wie das *Internationale Trickfilm-Festival Stuttgart (ITFS)* beweist. Mittlerweile ist der hiesige Branchentreff einer der größten weltweit. Und du kannst live dabei sein: bei rund 1000 Filmen im Kino oder Open Air. Und da, unter freiem Himmel, findet auch das Highlight statt. Schöner hast du die Wiese auf dem Schlossplatz nämlich noch nicht erlebt. Fast eine Woche lang siehst du hier jeden Tag Trick- und Animationsfilme auf der großen Leinwand, am Abend läuft ein ausgewählter Kinofilm. Alles kostenlos, stimmungsvolle Kulisse inklusive. Nimm Platz, lass dich von wilden Jagden auf der Leinwand mitreißen und von schönen Geschichten verzaubern. Auf deiner Picknickdecke kannst du dich auch mal zurücklehnen und in den Himmel über Stuttgart schauen – die Kulisse mit dem Neuen Schloss und dem Fernsehturm am Kesselrand ist jedenfalls einmalig (und bei Vollmond unvergesslich).

In den Innenstadtkinos laufen animierte Lang- und Kurzfilme in den Wettbewerben und ausgewählte Filmprogramme. In zwölf verschiedenen Kategorien wird die internationale Jury die Gewinnerfilme küren – im internationalen Wettbewerb entscheidest du mit: Welchen Film findest du am besten? Es kann übrigens sein, dass ihr einen künftigen Oscar-prämierten Film schon hier beim Wettbewerb gesehen habt. Denn der Stuttgarter Grand-Prix-Gewinner qualifiziert sich automatisch für die Longlist der Academy Awards, also für die Oscars. Wie bei der Berlinale.

8 **Internationales Trickfilm-Festival • Innenstadtkinos und Open Air auf dem Schlossplatz, 70173 Stuttgart • Itfs.de • jährlich im Mai**

INTERNATIONALES TRICKFILM FESTIVAL STUTTGART

HOLOGATE
PLAYER
3

Puh, ganz nassgeschwitzt Mit den Local Heroes rocken

August, still ruht der Kessel. Alle machen Pause, alle sind im Urlaub. Wirklich alle? Ein Kulturzentrum im Westen leistet seit werweißdasdennüberhauptnochwievielen Jahren Widerstand gegen das sommerliche Dahindämmern. Das *Klinke Festival* geht in der städtischen Sommerpause traditionell an 16 Tagen von Mittwoch bis Samstag über die Indoor-Bühne im Merlin. Gut so, da kann's draußen bereits herbsteln (soll ja auch schon vorgekommen sein), während es drinnen heiß hergeht. Und zwar in allen Sparten: Pop, Psychedelic, Psychedelic Pop, Psychedelic Rock, Blues Rock (oder auch nur Rock, geradeaus mit voller Wucht), mal Düster-, mal Sonnen-Elektro, Indie, Wave, Punk und alles andere zwischen Krach und Abseitigem, auf dem das Label »Avantgarde« pappt.

Schöner als in diesem manchmal melancholischen, oft schweißgebadeten Soundlabor kann man keine neue Musik für sich entdecken. Zumal die meisten Bands aus der Stadt und der Region kommen – und beim Klinke Festival manchmal noch hautnah erlebt werden können, bevor die Karriere anrauscht. Und der Oberhammer ist: Der Eintritt ist frei – jeder wirft, was er kann und mag, in den Hut. Aber Achtung, Münzen sind eher nur so mittelangesagt. Wenn doch die Sonne auf die Stadt brennt, dann wartet draußen der Klinke-Sommergarten, in dem du gepflegt ein kaltes Bierchen zischen kannst. Übrigens: Ebenfalls im August trifft sich seit mehr als 40 Jahren die linke und alternative Szene auf einer Wiese bei der Uni zum *Umsonst & Draußen*, dem »größten nichtkommerziellen Musik-Polit-Kultur-Festival in Stuttgart«. Falls es im Kessel dann doch mal zu heiß wird …

← Umsonst & Draußen: Der Name ist Programm, plus gute Musik natürlich

← Nix mit Zauberern, aber im Merlin werden die Besucher mit jeglicher Art von Musik in den Bann gezogen

INSIDER-TIPP
Wirf was rein!

9 **Klinke Festival im Kulturzentrum Merlin • Augustenstr. 72, 70178 Stuttgart • merlinstuttgart.de**

10 **Umsonst & Draußen • Pfaffenwaldring, 70563 Stuttgart • ud-stuttgart.de**

Wo der Brunnengeist lockt Straßenfasnet in Bad Cannstatt

→ **Des isch aber au an Heidaspaß! Im »Kübele« geht's durch den Fasnets-Parcours**

Gestatten, die Felben! Und die Mondlöscher, der gruselige Brunnengeist und die Narrenmutter. In Bad Cannstatt kannst du erleben, was sonst nur noch weiter im Süden und Südwesten gefeiert wird: die schwäbisch-alemannische Fasnet mit ihren traditionsreichen Masken, Larven und Umzügen. Denn das evangelische Württemberg ist Fasnacht-Diaspora. Die Cannstatter aber ließ das kalt – und 1855 gab's den ersten Narrenumzug. Seitdem ist viel passiert, der *Kübelesmarkt Bad Cannstatt* wurde zu einer richtigen Zunft mit eigenen Figuren und gehört ganz hochoffiziell der Vereinigung Schwäbisch-Alemannischer Narrenzünfte an.

Also, mach dich bereit. Am Schmotzigen Donschdig geht es gleich mit dem Kübelesrennen ordentlich los, einem Heidenspaß, bei dem Politiker, Promis, Vereine und städtische Beamte im Nachthemd und im »Kübele« sitzend durch einen Hindernisparcours – nun ja – schlingern. Steht der Sieger fest, gibt's kein Halten mehr, der Rathausplatz und sämtliche Kneipen der Stadt platzen aus allen Nähten. Ja, der Beweis ist erbracht: Die Schwaben können feiern, heidenai! Am Fasnetsmontag geht es abends in den Kneipen kernig zu, bei den Schnurrgruppen, die durch die Lokale ziehen, bleibt kein Auge trocken und auch mal die Frisur auf der Strecke. Der Fasnetsdienstag gehört erst den Kindern, bevor der Schwerttanz vor dem Rathaus und dann die Fasnetsverbrennsäufung – bei der eine brennende Puppe in den Neckar stürzt – das Ende der närrischen Zeit einläuten. Wer etwas Fasnetsluft im Sommer schnuppern will: Alle zwei Jahre findet das Fischerstechen auf dem Neckar statt, der nächste Termin ist 2023.

INSIDER-TIPP
Fasnet im Heißen

11 Kübelesmarkt Bad Cannstatt • an verschiedenen Orten im Stadtteil • kuebelesmarkt.de

BRAUHAUS

Von Henkern und Alleen Im Sommer der Straßenfeste

Wenn das die Unglücklichen wüssten, die bis 1811 auf dem Wilhelmsplatz im wahrsten Sinn des Wortes ihren Kopf verloren. Dass nämlich seit rund 20 Jahren, initiiert von den Wirten rund um den Platz, am letzten Juli-Wochenende hier das Henkersfest gefeiert wird. Die riesige Party, angeheizt von jeder Menge Musik, Bier und guter Laune, ist aber nur eins von vielen sommerlichen Stadtteilfesten, bei denen du mitfeiern kannst. Da ist – nur einen Katzensprung entfernt – das Bohnenviertelfest mit seiner ganz besonderen Atmosphäre: Hier wird Ende Juli in den letzten verbliebenen Altstadtgassen Stuttgarts gehockt und gefeiert. Oder das Heusteigviertelfest im Juni, das viel für Kinder bietet, aber ebenfalls mit jeder Menge Mucke begeistert und vor allem mit einem schönen, großen Flohmarkt.

In ganz anderer Umgebung wiederum, weit weg von den herrschaftlichen Gründerzeit- und Jugendstilhäusern im Süden, findet im September das Feuerseefest statt. Hier dominieren die Johanneskirche und das namensgebende Gewässer das Flair aus Musik, Flohmarkt, Food und Fun – mit einer Zipline kann man sogar über den See fliegen. Die »Lange Ostnacht« in Gablenberg im Juli wiederum ist eins der größten Straßenfeste der Stadt. Im (ehemals) von Arbeitern geprägten Osten steht nicht nur die Bühnenkunst im Mittelpunkt, sondern auch Stuttgarts Multi-Kulti-Plus. Neuester Zugang im Reigen der *Stuttgarter Sommerfeste* ist die »Westallee« im Juli mit Kunst, DJs und Kulinarik. Hier geht's etwas alternativer zu, mit nachhaltigem Ansatz. Der Traum aber ist die schöne Alleen-Atmosphäre rund um den Lerchenplatz.

← Kunst, gutes Essen und Live-Acts auf der Bühne: beim alternativen Straßenfest »Westallee«

← Wo sich immer alle treffen: beim Bohnenviertelfest

12 **Stuttgarter Sommerfeste • verschiedene Stadtteile • alle Feste auf Facebook**

Das Zeigen der Lämmer Anfeuern beim Schäferlauf

→ **Röcke gerafft und los geht's: Wer ist die Schnellste beim Markgröninger Schäferlauf?**

Da wird doch der Hund in der Pfanne verrückt! Oder vielleicht auch das Schaf auf dem Feld oder der Schäfer mit dem Hütehund. Beim *Markgröninger Schäferlauf* wahrscheinlich gleich alle zusammen, denn da geht's beim Leistungshüten der wolligen Tiere zum Auftakt des Festes schon um die Wurst. Dann dreht sich ein ganzes Wochenende lang (fast) alles ums Schaf, während sich der historische Ort Markgröningen im Kreis Ludwigsburg im feierlich-fröhlichen Ausnahmezustand befindet. Bei dem traditionellen Volksfest kann es schon mal recht wollüstig zugehen, beim Weckruf des Spielmannszuges in aller Herrgottsfrüh, beim Festumzug oder beim Vortragen des Schäferlaufgedichts durch den Landrat. Eine richtige Gaudi erwartet dich samstags und sonntags, wenn sich auf dem Festplatz die Frauen in Disziplinen wie dem Wassertragen und Paare beim Hahnentanz messen. Beim Schäferlauf – dem Höhepunkt des Festes – erlebst du mit eigenen Augen, was Schäferinnen und Schäfer so drauf haben: Barfüßig laufen diese auf einem 300 Schritt langen Stoppelfeld in voller Tracht um die Wette. Wer das Rennen macht, wird im Anschluss zum König oder zur Königin gekrönt. Gar nicht so einfach, noch ausreichend Zeit zu finden für einen Bummel über den Krämermarkt, den historischen Handwerkermarkt und den Schäfermarkt! Und vergiss nicht, es auch ordentlich im Vergnügungspark mit Schießbuden, Riesenrad, Karussells und Co. krachen zu lassen.

INSIDER-TIPP **Schäferständchen**

13 **Schäferlauf Markgröningen • 71706 Markgröningen • schaeferlauf.de, markgroeningen.de • jährlich am letzten ganzen August-Wochenende**

In Höfen und auf Plätzen Markttreiben in den Quartieren

Wenn *Abendmarkt* ist, haben die Wochenmarkt-Helden – Kürbisse, Karotten, Kohlköpfe und Co. – Sendepause. Dafür gibt's Wein, Weib und Gesang, gleich neben Herren, Pils und Kulturprogramm, und zwar, je nach Wochentag, an einem der vier verschiedenen Feier-Abendmarkt-Orte in Bad Cannstatt, Untertürkheim, Stammheim und Vaihingen. Willkommen ist hier, wer's fröhlich, unterhaltsam und multikulti mag: Je nach Bezirk wird von Mai bis August an einem Wochentag zwischen Mittwoch und Samstag ab 17 Uhr gemeinsam das Leben genossen, geschlemmt und gefeiert. Örtliche Künstler, Vereine und Gewerbetreibende gestalten die unterschiedlichen Themenabende mit, mal spielt Livemusik die erste Geige, mal steht ein bestimmtes Land mit seiner Kultur im Vordergrund, beim Brauerei-Fest geht's recht zünftig zu und an den Weinabenden … siehe oben.

← Bei den Hofflohmärkten kannst du Schatzsucher spielen und unerwartete Kleinode entdecken

Einmalige Einblicke in das Leben am Hofe erhältst du bei den *Stuttgarter Hofflohmärkten*: Jeder im Viertel, der möchte, verkauft, was er nicht mehr braucht, im eigenen Hof oder Garten. Es gibt nichts, was es nicht gibt, von der Babyklamotte bis zur Briefmarkensammlung. Das Interessanteste sind häufig die individuell gestalteten Hinterhöfe der einzelnen Stadtgebiete, die nur zu diesem Event allen Schnäppchenjägern und anderen Hofdamen und -herren offen stehen.

INSIDER-TIPP
Tag der offenen Höfe

14 **Abendmärkte – in den Ortszentren von Bad Cannstatt, Untertürkheim, Stammheim und Vaihingen • Facebook: Abendmarkt**

15 **Hofflohmärkte • in verschiedenen Stadtteilen • hofflohmaerkte.de/stuttgart**

Das war ein bisschen viel an Info? Du weißt nicht, wo du anfangen sollst? Na dann, hier kommen ein paar Vorschläge: die Tipps aus diesem Buch, neu gedacht, neu sortiert. Teste dies, probiere das und würfel alles wieder neu zusammen!

Mix & Match

Mach dein eigenes Ding

Kurzurlaub
In zwei Tagen besonders viel erleben

Tag 1

Iss mich – oder nimm mich mit!
Mal wieder vergessen einzukaufen? Dann verleg dein Frühstück doch in die *Raupe Immersatt*. In Deutschlands erstem Food-Sharing-Café kannst du nicht nur entspannt deinen Kaffee trinken, du rettest dabei gleich noch zu günstigen Preisen Lebensmittel vor der Tonne. → **S. 31**

Am Boden in die Luft gehen
Auf zum Rundflug über den Kessel! Im *Stadtpalais* fasziniert dich das riesige Stuttgart-Modell, das multimedial-digital alles über das Neckartal, die Filderhöhen und das City-Gewusel verrät. In der spannenden Ausstellung reist du durch Geschichte und Gegenwart – mehr Stuttgart geht nicht. → **S. 26**

Treppen in den Himmel
Und jetzt der Reality-Check. Eine *Stäffelestour* → **S. 141** führt dich in den Himmel über der Stadt. Nach ein paar »Treppchen« sagen deine Waden: Von wegen Stäffele, hier geht's zur Sache, mal steil, mal romantisch, mal mondän. Aber die Panoramablicke – unvergesslich.

50er-Jahre-Wasser-Kraft
Zeit, den müden Muskeln etwas Entspannung zu gönnen. Am besten im *Mineralbad Berg*. Das ist nämlich frisch renoviert und entführt dich stilvoll in die 50er-Jahre. Ist dir gerade egal, weil du wohlige Sauna-Wärme genießt? Kannst ja beim Schwimmen im Mineralwasser die Blicke schweifen lassen. → **S. 16**

Feier dich frei!
Die Energiespeicher sind gefüllt, nun ist Zeit fürs Bouncen, Springen, Ausdrehen. In der *Schräglage* → **S. 21** sind Beats Pflicht, mal live, mal aus der Konserve. Lass dich mitreißen, hinaus in die Nacht!

Tag 2

Sanfter Start
Summer in the city und Frühstück im *Weltcafé*, unter Bäumen im Innenhof des alten Waisenhauses. Schöner geht's kaum, dank vietnamesischem Kaffee und sanftem Morgenlicht. Die City ist weit, deine Seele auch. → **S. 142**

Schlingen und schleudern
Gut eingestimmt gibst du deine Schwingungen an den Laugenteig weiter. Oder sind es Schlingungen? Die brauchst du jedenfalls, um im Brezelbackkurs in der *»Backakademie Katz«* → **S. 15** Ärmchen und Bäuche richtig zu verdrehen. Nicht deine, die der Schwaben-Schlemmerei natürlich.

Schüchtern-scheuer Turm
Mal spitzt er über rote Hausdächer, mal versteckt er sich hinter Hügelaufhügelab-Straßen – wer findet die meisten Insta-Fernsehturm-Motive? Und nach der Fotojagd? Fährst du rauf aufs schlanke Wahrzeichen. Der Blick runter vom *Fernsehturm* ist nämlich auch nicht ohne. → **S. 11**

Rendezvous mit Gespenstern
Nur ein Schatten? Oder doch ein kopfloser Reiter, eine weiße Frau, ein Grusel-Mönch? Auch Stuttgart hat seine Gespenster. Bei einer Tour der *Stuttgarter Geister* → **S. 102** siehst du vielleicht welche. Auf jeden Fall erfährst du viel über die andere, die dunkle Seite der Stadt.

Kunst und Drinks
Ganz klar, jetzt brauchst du einen Drink. Und Menschen um dich rum. Und dazu auch noch Kunst, das wäre ein bisschen viel verlangt, oder? Kein Problem, die *Galerie Kernweine* bietet alles. Und die Nacht verliert ihre Schrecken. → **S. 70**

Auszeit
Ein herrlich entspannter Tag

Fairer Start
Morgens rein in die City? Schon, aber zum Bummeln im alten Bohnenviertel: Dort schlenderst du vorbei an kleinen Ateliers, Boutiquen und einem Teil der alten Stadtmauer – und hörst dabei sogar die Vögel zwitschern. Frühstückshunger? Im Non-Profit-Café *Natan* stillst du ihn entspannt und mit bestem Gewissen. → **S. 142**

Reise in die Vergangenheit
Am Fuß der Karlshöhe im Westen spazierst du vorbei am steinernen Ritter und – schwupps! – findest du dich in der Renaissance wieder. Im romantischen Park des *Lapidarium* begegnen dir 500 Jahre Stadtgeschichte, du wandelst an Figuren und Trümmern vorbei und lauschst, psst … den Geschichten, die sie dir erzählen. Leider nur im Sommer geöffnet. → **S. 133**

Heißer Ausblick
Danach gönnst du dir den besonderen Saunagang – mit Fernsicht: Im obersten Stockwerk der *Winzer-Sauna des Leuze Mineralbads* erwartet dich kein enger Holzkasten, sondern ein schöner Blick auf die Stuttgarter Weinberge. Wellness für die Augen inklusive! → **S. 130**

Ab in die Berge!
Genug geschaut, jetzt geht es raus in die Natur. Bei den *Esslinger Weingärtnern* holst du dir deinen bestellten Picknick-Rucksack ab, wanderst gemächlich durch den Schenkenberg und bewunderst die Esslinger Altstadt von oben. Durchatmen, Secco einschenken: Prost, Neckartal! → **S. 47**

In die Nacht schaukeln
Der entspannteste Start in die Nacht? In der Hängematte! Im *Hallo Emil* → **S. 127** lässt du den Tag mit einem Drink in der Hand ausklingen, während der Neckar sanft vorbei plätschert. Kurz noch Augen auf: Der Sonnenuntergang hier ist ein Traum!

Weltreise
Exotische Orte ganz nah

Pinsa. Pinsa? Pinsa!
Pizza kann jeder, aber nun ist es Zeit für dich, die Familie aus Italien zu treffen: eckig, Weizen-Soja-Reis- und Sauerteig, das ist der Teigfladen, den schon Römer schlemmten. Hau rein, in der *Pinsa-Manufaktur*! → **S. 37**

Rauf ins All
Weltreise, my ass! Jetzt geht's raus ins All. Im *Kinetarium im Planetarium* → **S. 96** rast du per App um den blauen Planeten, zusammen mit 100 anderen Astronauten. Galaktisch gut!

Auszeit in der Hitze
Der herabschauende Hund in den Tropen … nein, keine Tier-Doku. Sondern Lockerwerden beim 35 °C heißen Hot Yoga im Studio von *OM Yoga*. Heißer und gesünder? Wie sollte das gehen? → **S. 138**

Feiern weltweit
Mehr Weltreise geht nicht: Beim *Sommerfestival der Kulturen* ist der ganze Planet zu Gast. Stopp, nicht zu Gast! Du quatschst, schlemmst, lachst mit Stuttgartern aller Nationen. Und die Musik auf der Bühne spielt argentinisch-ghanaisch-kubanisch, schlicht weltmusikalisch dazu. Exotenglück! → **S. 153**

Asien-Trip, blitzschnell
Asien liegt unter der Königstraße. Unter roten Lampions füllst du im Supermarkt *Go Asia* → **S. 34** deinen Einkaufskorb mit Snacks in grellbunten Tüten, mit Lemon Grass und Jasminreis. Kochen ist nicht so deins? Dann staune über die Leckereien – voll crazy für uns Westler!

Kinderkram
So werden die Kleinen glücklich

Die ganze Energie rauslassen

... dafür ist Klettern nicht die schlechteste Idee. Und wenn's mal 11 m in die Höhe geht, wandeln sich Knirpse auch mal von vor- zu kleinlaut. Riesenspaß macht der *Waldklettergarten Zuffenhausen* natürlich trotzdem! → **S. 109**

Kirmes mal Vintage

Tauch ein in die guten alten Zeiten, und zwar auf *Eliszis Jahrmarkt*! Die historischen Buden und Fahrgeschäfte, teils über 100 Jahre alt, und das ganze Flair sind entzückend und eine (Zeit-)Reise wert. Eliszis gibt's aber nur im Sommerhalbjahr! → **S. 100**

Gemütliche Tier-Insel

Ziege, Esel, Schaf und Co. sind bei Kids immer angesagt. Und es muss ja nicht gleich der riesengroße Zoo sein. Im *Tierpark Nymphaea* → **S. 19** auf der Neckarinsel in Esslingen kannst du behaupten: Der frisst mir aus der Hand! Die Vierbeiner lieben das Popcorn, das du an der Kasse kaufen kannst.

Street-Art voll legal

Mit den Kids mal was ganz anderes machen – aber was? In der *Hall of Fame* → **S. 77** in Bad Cannstatt dürfen nicht nur richtige Graffiti-Künstler, sondern auch Nachwuchs-Sprayer die Wandflächen gestalten. Also: Motiv überlegen, für Graffiti geeignete Spraydosen besorgen und los geht's.

Allerlei bunte Schätze

Die *Hofflohmärkte* sind auch für Kinder ein Shopping-Paradies: Neben Dingen, die vor allem Erwachsene interessieren, gibt's unendlich viele Schätze für Kleine, von Lego-Bausätzen über Comics bis zum Bobbycar. Noch Taschengeld übrig? Mit den Verkäufern lässt es sich meist prima verhandeln! → **S. 173**

Sauwetter
Wo es bei Regen besonders schön ist

Die Bibel in bunt
Draußen pladdert's, also gibt's Kunst im Trockenen? Eine Menge Farbe in einen tristen Regentag bringt die *Galerie Wiedmann.* In dem ehemaligen Wohnhaus des Künstlers bestaunst du seine weltberühmte Bibel, die ausschließlich aus Bildern besteht. → **S. 67**

Formel-1-Feeling
Nasse Fahrbahn und schlechte Sicht? Nicht auf der Indoor-Kartbahn *Kart-O-Mania* → **S. 112** in Wangen. Rein in den nächsten Flitzer und ab auf den Rennkurs! Die Strecke bleibt garantiert trocken, während du mit Rennfieber ins Schwitzen kommst.

Häschen hüpf!
In der *Sprungbude* in Bad Cannstatt powerst du dich so richtig aus und hast dabei eine Menge Spaß. Auf 80 Trampolinen darfst du dich beim Freisprung, beim Dodgeball, beim Bag Jump oder in weiteren Bereichen für einige Stunden wie ein wild gewordener Flummi fühlen. → **S. 117**

Hallenbad, dem Himmel nah
Schwimmen über den Wolken. Na gut, nicht wirklich drüber, aber gefühlt ziemlich nah dran. Im *Panoramabad Asemwald* im 21. Stock ist weniger das Schwimmen die Sensation, sondern der Blick aus dem Fenster. Gerade wenn der Regen übers Land peitscht – fantastisch! → **S. 120**

Für wasserscheue Cineasten
Kino, wenn's regnet? Aber gern! Popcorn dazu? Klar! Zeitreise auch? What?!? Der große Saal der *Kinothek Obertürkheim* entführt dich in die 1950er. Du siehst hier zwar nicht die großen Blockbuster, aber viele aktuelle kleine, feine Filme. Regen? Whatever … → **S. 68**

Dies & Das

Karten, Register und mehr

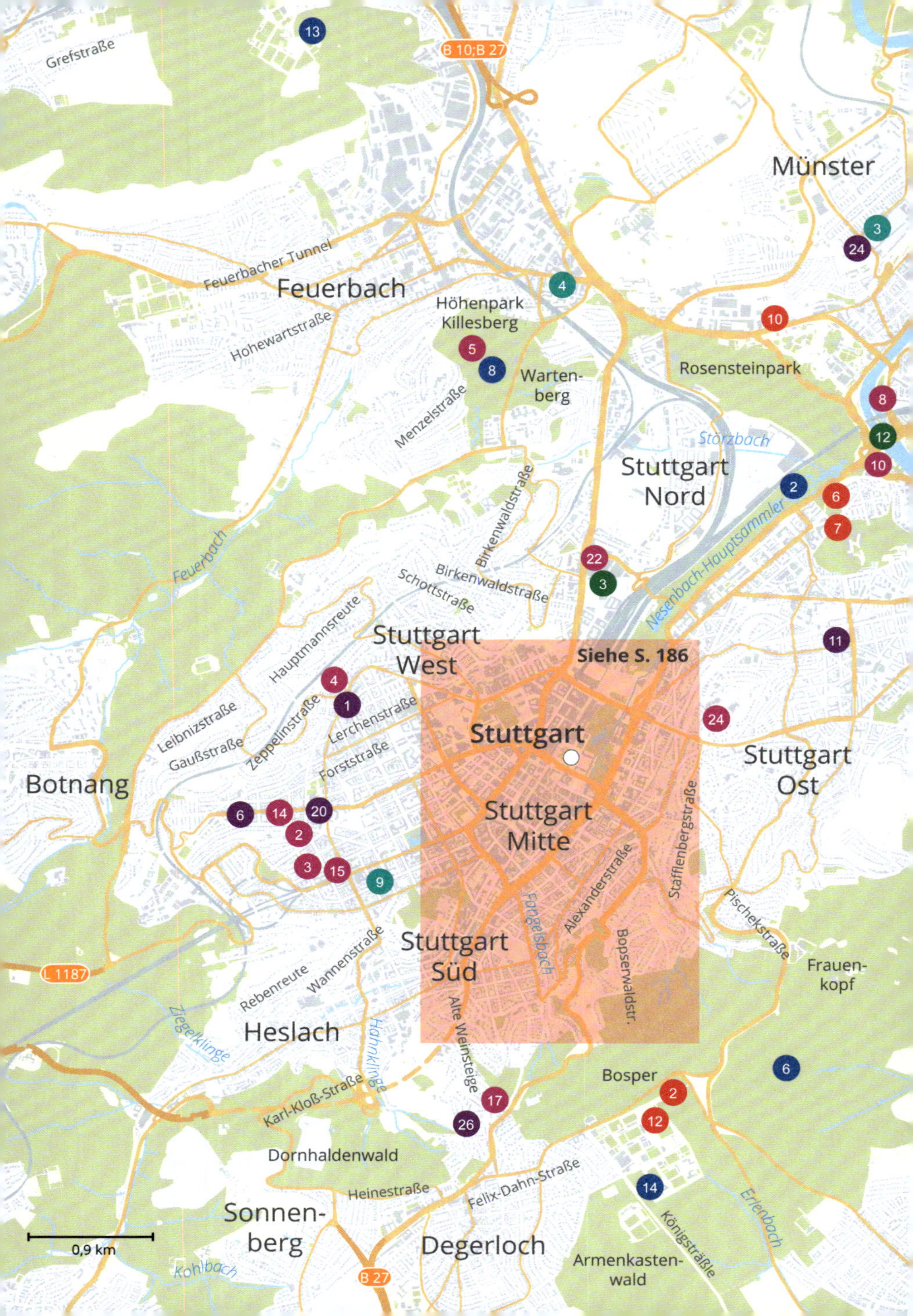

Grefstraße
B 10;B 27
Münster
Feuerbacher Tunnel
Feuerbach
Höhenpark
Killesberg
Hohewartstraße
Warten-
berg
Rosensteinpark
Menzelstraße
Störzbach
Stuttgart
Nord
Birkenwaldstraße
Nesenbach-Hauptsammler
Feuerbach
Schottstraße
Birkenwaldstraße
Hauptmannsreute
Stuttgart
West
Siehe S. 186
Leibnizstraße
Gaußstraße
Zeppelinstraße
Lerchenstraße
Stuttgart
Forststraße
Stuttgart
Ost
Botnang
Stuttgart
Mitte
Stafflenbergstraße
Alexanderstraße
Pischekstraße
Fangelsbach
Bopserwaldstr.
Frauen-
kopf
Wannenstraße
Stuttgart
Süd
L 1187
Rebenreute
Ziegelklinge
Heslach
Hahnklinge
Alte Weinsteige
Bosper
Karl-Kloß-Straße
Dornhaldenwald
Heinestraße
Felix-Dahn-Straße
Königsstraße
Erlenbach
Sonnen-
berg
0,9 km
Degerloch
Armenkasten-
wald
Kohlbach
B 27

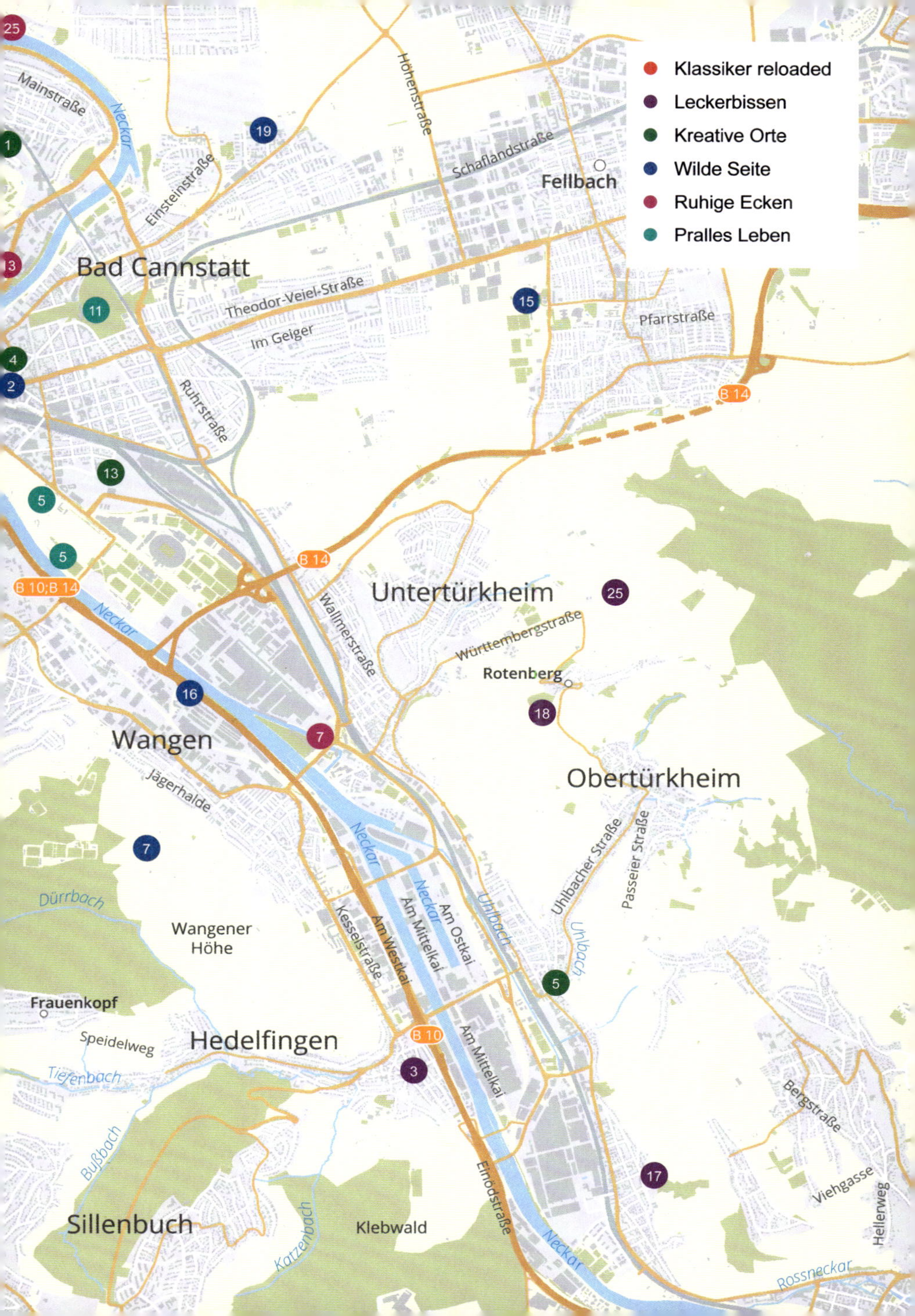

Klassiker reloaded
Leckerbissen
Kreative Orte
Wilde Seite
Ruhige Ecken
Pralles Leben
Bad Cannstatt
Fellbach
Untertürkheim
Rotenberg
Obertürkheim
Wangen
Wangener Höhe
Frauenkopf
Hedelfingen
Sillenbuch
Klebwald
Mainstraße
Neckar
Einsteinstraße
Höhenstraße
Schaflandstraße
Theodor-Veiel-Straße
Im Geiger
Pfarrstraße
Ruhrstraße
B 14
B 10;B 14
B 10
Wallmerstraße
Württembergstraße
Jägerhalde
Uhlbacher Straße
Passeier Straße
Uhlbach
Dürrbach
Kesselstraße
Am Westkai
Am Mittelkai
Am Ostkai
Speidelweg
Tiefenbach
Bußbach
Katzenbach
Einödstraße
Bergstraße
Viehgasse
Hellerweg
Rossneckar

Stuttgart Innenstadt
Europaviertel
Mittlerer Schlossgarten
Relenberg
Universität
Uhlandshöhe
Oberer Schlossgarten
Eckensee
Neue Vorstadt
Akademiegarten
Mitte
Diemershalde
Feuersee
Heusteigviertel
Dobel
Karlshöhe
Lehen
Weißenburgpark
Weinsteige
Jägerstraße
Herdweg
Hegelstraße
Keplerstraße
Düker Nesenbach
Willy-Brandt-Straße
Urbanstr.
Seidenstraße
Schellingstraße
Bolzstraße
Schloßstraße
Urbanstraße
Kernerstraße
Moserstraße
Werastraße
Konrad-Adenauer-Straße
Ulrichstraße
Weimarstraße
Hauptstätter Straße
Nesenbach-Hauptsammler
Augustenstraße
Reinsburgstraße
Marienstraße
Gerberstraße
Furtbachstraße
Olgastraße
Danneckerstraße
Alexanderstraße
Dobelklinge
Im Schellenkönig
Stafflenbergstraße
Sonnenbergstraße
Mozartstraße
Heusteigstraße
Hohenstaufenstraße
Cottastraße
Etzelstraße
Bopserwaldstraße
Am Bopserweg
Rottannenweg
Wernhaldenstraße
Fischbach
Fangelsbach
Neue Weinsteige
Arminstraße
Filderstraße
Liststraße
Strohberg
Tulpenstraße
Zellerstraße
Immenhofer Straße
Altenbergstraße
Lehenstraße
Krapfstraße
Mühlrain
Alte Weinsteige
0,2 km
Klassiker reloaded
Leckerbissen
Kreative Orte
Wilde Seite
Ruhige Ecken
Pralles Leben

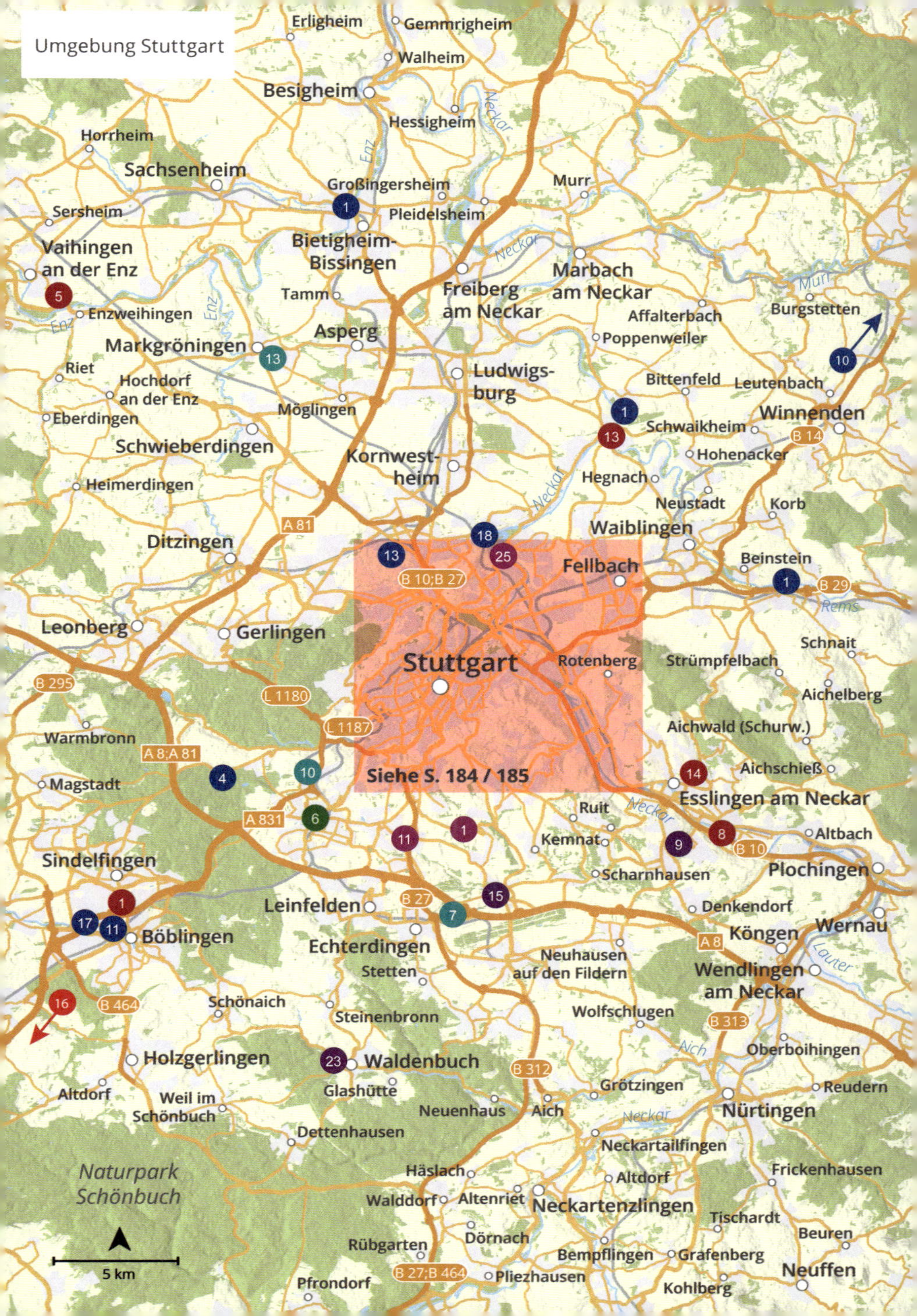
Umgebung Stuttgart
Erligheim
Gemmrigheim
Walheim
Besigheim
Hessigheim
Neckar
Enz
Horrheim
Sachsenheim
Großingersheim
Murr
Sersheim
Pleidelsheim
Vaihingen an der Enz
Bietigheim-Bissingen
Neckar
Marbach am Neckar
Tamm
Freiberg am Neckar
Murr
Burgstetten
Enzweihingen
Enz
Affalterbach
Enz
Asperg
Poppenweiler
Markgröningen
Riet
Ludwigsburg
Bittenfeld
Leutenbach
Hochdorf an der Enz
Möglingen
Winnenden
Eberdingen
Schwaikheim
B 14
Schwieberdingen
Hohenacker
Kornwestheim
Hegnach
Heimerdingen
Neckar
Neustadt
Korb
A 81
Waiblingen
Ditzingen
Beinstein
Fellbach
B 10;B 27
B 29
Rems
Leonberg
Gerlingen
Schnait
Stuttgart
Rotenberg
Strümpfelbach
B 295
L 1180
Aichelberg
L 1187
Aichwald (Schurw.)
Warmbronn
A 8;A 81
Aichschieß
Siehe S. 184 / 185
Magstadt
Esslingen am Neckar
Ruit
Neckar
A 831
Kemnat
Altbach
B 10
Sindelfingen
Scharnhausen
Plochingen
B 27
Leinfelden
Denkendorf
Wernau
Köngen
Böblingen
A 8
Echterdingen
Neuhausen auf den Fildern
Lauter
Wendlingen am Neckar
Stetten
B 464
Schönaich
Wolfschlugen
Steinenbronn
B 313
Aich
Oberboihingen
Holzgerlingen
Waldenbuch
B 312
Altdorf
Glashütte
Grötzingen
Reudern
Weil im Schönbuch
Neuenhaus
Aich
Neckar
Nürtingen
Dettenhausen
Neckartailfingen
Naturpark Schönbuch
Häslach
Altdorf
Frickenhausen
Walddorf
Altenriet
Neckartenzlingen
Tischardt
Dörnach
Beuren
Rübgarten
Bempflingen
Grafenberg
Neuffen
5 km
B 27;B 464
Pliezhausen
Pfrondorf
Kohlberg
1
5
13
10
1
13
18
13
25
1
4
10
14
6
11
1
9
8
1
15
7
17
11
16
23

Register

Impressum

1. Auflage 2022

Printed in Italy

MIX
Papier | Fördert gute Waldnutzung
FSC® C015829
FSC www.fsc.org

Text: Jens Bey, Johanna Trommer, Karin Wiemer
Gestaltung Titel, U2 + U4:
Eggers + Diaper, Potsdam
Gestaltung Innenteil + U3:
Sofarobotnik – Büro für Gestaltung, Augsburg & München
Lektorat
Guido Huß, Stephanie Ziegler
Bildredaktion
Anja Schlatterer
Produktion
red.sign GbR, Stuttgart
Kartografie
© MAIRDUMONT, Ostfildern, unter Verwendung von Kartendaten von OpenStreetMap, Lizenz CC-BY-SA 2.0

Bildnachweise

Titelbild: mauritius images/imagebroker/Werner Dieterich

Fotos: „12 Jahre Schräglage“, zu Gast Trettmann: Michael Colella (20); Jens Bey (Klappe innen u., 10, 35, 65, 66, 76, 95, 98, 103, 122 u., 125, 129 u., 143 o., 145, 148, 191 r. u.); Blue Sky (104 o.); Bootshaus am Hechtkopf (24); Brotique (57 o.); Ralf Dembach (121); die arge lola: Kai Loges + Andreas Langen (81 u., 97 u.); Die Zugvögel (91); Dragon Days Festival: Ronny Schönebaum (161 u.); Dümmel Grafik (40); EYD clothing (86 o.); F3: Peter D. Hartung Photodesign (111); Fotonoid, fotonoid.de (158, 159); Fumes and perfumes (82); Galerie Kernweine (71); Gasthaus Bären Stuttgart (49); get shorties Lesebühne (75 u.); GINSTR – Stuttgart Dry Gin (53); Bianca Hahn (92); halbautomaten/Kinetarium (179); Hallo Emil: Konstantin Ebert (126); hofflohmaerkte-stuttgart.de: Simon Malik (172); Holy Shit Shopping/Team Deluxe Kabyl-Udroiu GmbH: Ferdinando Iannone (155); Hör-und Schaubühne Stuttgart (85 u.); Ilzhöfers Kochschule (33); ITFS (163); Jaz Hotel GmbH: Matthias Dengler (146); Kart-o-Mania: T. Lenz (112, 113, 181); Katz der bäcker GmbH (14); Kinothek Stuttgart (69); Michael Krauss (85 o.); Kübelesmarkt: Delinasakis (167); Kulturinsel: Fotonoid (78, 79); Kulturzentrum Merlin (164 u.); Landeshauptstadt Stuttgart (152 u.); Landesmesse Stuttgart GmbH (161 o.); Martha's (57 u.); mauritius images/Alamy: aldorado (97 o.), Wolfgang Diederich (140 o., 177); mauritius images/Westend61 (81 o.); Yannik Michael (143 u.); Michels Gauder-Besen: Thomas Michel (54); Raupe Immersatt e.V.: Sven Weber (30); Riverhouse Location Stuttgart (115); Andreas Rosar/Rainer Braun (27 u., 176); Ronny Schoenebaum (75 o.); Shutterstock: ByeByeSSTK & Birgit Eggers (192), Ksusha Dusmikeeva (2), sergey kolesnikov (45), Svitlana Korneeva (61), Nata Vilman (139); SIMINN GmbH Flugsimulator Stuttgart (104 u.); sitt-wein (13 u.); Sky Beach (129 o.); Sprungbuden GmbH (116); Staatsoper Stuttgart: Martin Sigmund (72); Stadt Markgröningen (171); StadtPalais – Museum für Stuttgart: Saeed Kakavand (27 o.); Raimond Stetter (152 o.); Stuttgart Marketing: Thomas Niedermüller (140 u.), trickytine (168 u.); Stuttgart Scorpions: Angela Kächele (23 o.); Stuttgarter Bäder (17, 131, 178); Stuttgarter Bonbonmanufaktur SWEETS (50); The Meat Club GmbH (39); Theater Rampe: Dominique Brewing (62 u.), Lucia Obst (62 o.); Theaterhaus Stuttgart: Simon Wachter (Klappe innen o., 156); Johanna Trommer (18, 101, 132, 135, 191 l.); Umsonst & Draußen Stuttgart: Harald Engelhardt (164 o.); V8 Hotel: Frank Hoppe (9); Waldklettergarten Stuttgart (108, 180); Weingärtner Esslingen eG (46); Julia Marie Werner (86 u.); Westallee e.V. (168 o.); Karin Wiemer (13 o., 36, 42, 107, 122 o., 136, 191 r. o.); Ziyong Zheng (23 u.)

Die Autoren

Johanna Trommer, Karin Wiemer und Jens Bey
Gemeinsam kommen sie auf viele Stuttgart-Jahrzehnte, die Autoren aus der Landeshauptstadt. Während Johanna und Jens alle möglichen Facetten im und um den Kessel erkunden, hat Karin sich vor allem auf Food-Themen spezialisiert – und alle entdecken immer wieder Neues und Spannendes. Eigentlich wollten sie niemandem verraten, dass Stuttgart die schönste Stadt der Welt ist. Aber jetzt ist es eben doch raus ...

Lob oder Kritik? Wir freuen uns auf deine Nachricht!
Trotz gründlicher Recherche schleichen sich manchmal Fehler ein. Wir hoffen, du hast Verständnis, dass der Verlag dafür keine Haftung übernehmen kann. Wir freuen uns aber, wenn du uns schreibst:

MARCO POLO Redaktion
MAIRDUMONT
Postfach 31 51
73751 Ostfildern
info@marcopolo.de

Bloß nicht!

Fettnäpfchen und Reinfälle vermeiden

Samstagabends auf die Theo

Sie war mal eine bundesweit angesagte Party-Meile, die Theodor-Heuss-Straße. Doch das ist mittlerweile lange her, die Clubs, die dieses Image geprägt haben, existieren (fast) alle nicht mehr und die Theo ist am Wochenende fest in der Hand der Auto-Poser und Junggesellenabschiede. Besser ins Leonhardsviertel oder an den Hans-im-Glück-Brunnen wechseln.

Mit dem Auto durch die City

Baustellen, Baustellen, Baustellen. Ach ja, Ampeln! Und Blitzer: Lass dein Auto stehen, egal ob Rush Hour oder nicht. Du bist mit Öffis oder dem Fahrrad deutlich schneller, zumal auf Routen wie der Eberhard- und der Tübingerstraße Radler Vorrang haben.

Essen gehen ohne Reservierung

Zumindest in den angesagten Restaurants wird's schwierig, einen Tisch zu bekommen, wenn du nicht vorher reserviert hast. Es wird gern ausgegangen im Kessel, und deshalb ist immer dort viel los, wo's lecker schmeckt.

Die Stäffele unterschätzen

Bock auf eine Stäffeles-Tour? Das macht Spaß, hält fit und bietet jede Menge tolle Ausblicke. Nimm dir aber nicht zu viel vor, denn die Treppen sind wahre Konditionskiller.

Brezeln beim Billigbäcker kaufen

Nicht nur, dass man durch Einkäufe beim Selbstbedienungs-Back-Discounter Arbeitsplätze vernichtet. Du wirst auch keinen Spaß haben an der labbrig-pappigen Brezel. Lieber etwas mehr in gutes Handwerk beim Bäcker investieren und geniiiiiiießen!